中国方志馆研究

Local Chronicles Museum Studies in China

（第二辑）

国家方志馆 编

主 编 邱新立

副主编 和卫国 刘翔宇

方志出版社

图书在版编目（CIP）数据

中国方志馆研究.第二辑 / 国家方志馆编. —北京：方志出版社，2019.3

ISBN 978-7-5144-3689-1

Ⅰ.①中… Ⅱ.①国… Ⅲ.①地方志博物馆—研究—中国 Ⅳ.①G269.264

中国版本图书馆CIP数据核字（2019）第041673号

中国方志馆研究（第二辑）

编　　者：国家方志馆
责任编辑：何明忠

出 版 人：冀祥德
出 版 者：方志出版社
　　　　　地址　北京市朝阳区潘家园东里 9 号（国家方志馆4层）
　　　　　邮编　100021
　　　　　网址　http://www.fzph.org
发　　行：方志出版社图书经销中心
　　　　　电话　（010）67110500
经　　销：各地新华书店
印　　刷：廊坊市晶艺印务有限公司

开　　本：889mm × 1194mm　1/16
印　　张：10
字　　数：166千字
印　　数：1000
版　　次：2019年3月第1版　2019年3月第1次印刷

ISBN 978-7-5144-3689-1　　定价：80.00元

《中国方志馆研究》编委会

目 录

·展览研究·

·志馆建设·

·地情研究·

·旧志研究·

·地域文化·

Analysis of the Exhibition Characteristics of Museums and Local Chronicles Museums ——Take Beijing Area as an Example

博物馆与方志馆展陈特性析
——以北京地区为例

关　昕[1]
Guan Xin

内容摘要

陈列展览是博物馆、方志馆等社会文化机构面向观众进行知识传播和公共教育的主要手段。基于不同的机构特性和知识范式的影响，博物馆与方志馆形成了不同的展览类型和展览叙事特征。在坚持行业本位和知识传播方式的基本陈列基础上，方志馆在临时展览的内容与形式上可以加强与其他公共文化机构的交流与互动，通过丰富展览的维度，以更好地服务于社会的发展。

关键词

陈列展览　博物馆　方志馆　机构特性　知识范式

Abstract

Exhibitions are the main means of knowledge dissemination and public education by social and cultural institutions such as museums and local chronicles museums. In the influence of different institutional characteristics and knowledge paradigms, museums and local chronicles museums have formed different exhibition types and narrative characteristics. On the basis of insisting on the basic display of industry-oriented and knowledge dissemination mode, the local chronicles museums can strengthen the exchange and interaction with other public cultural institutions in the content and form of the temporary exhibition, so as to better serve the social development by enriching the exhibition dimension.

Key words

exhibitions　museum　local chronicles museum　institutional characteristics　knowledge paradigms

① 关昕，1978年生，北京人，人类学博士，中国历史研究院副研究馆员。研究方向为博物馆与文化遗产，展览研究。

近些年来，现代公共文化服务体系建设步入快车道。其中，方志馆作为我国公共文化服务的新兴载体，正在经历突飞猛进的发展。截至 2018 年 7 月，全国已经建成各级方志馆 590 余家，其机构职能也从保存志鉴成果、开展方志研究、进行方志交流逐渐扩延到展览展示、专业咨询、信息服务、宣传教育等多方面[①]。可见，方志馆之设，不是简单的增加部门、工作和场所，而是整体工作目标、机构策略的整体性变局。综合性的地情馆已经成为各地方志馆建设、发展的重要方向。关于地情的展示作为其馆舍空间的必备内容，常以一个行政区域为单位，用沙盘、模型、塑像、展板、影视等形式，全面介绍该区域内的自然与社会、历史与现状[②]，是方志馆吸引观众、开展公众服务和社会教育的主要方式。

方志馆与图书馆、博物馆等文化机构虽同样是收藏与展示机构，但因其机构职能和行业特性的差异，会影响到展览内容与形式的表达，从而形成相互间不同的特点。首都博物馆与北京市方志馆，都是以记录、弘扬北京地方社会的历史、发展为主题的公共文化机构，其展览体系中也都有体现乡土和地方传统的展陈设置。本文将以首都博物馆和北京市方志馆的基本陈列为例，梳理博物馆与方志馆在地域文化的大主题下不同的角色分野和叙事特性；并由此讨论，两类展馆的展陈特点不仅说明了机构属性的区分，也体现了背后的知识学科范式的差异。在此认知基础上，不同类型的机构间的合作亦将体现出公共文化服务体系发展中的多元和声。

一、地情与通史

（一）两展概况

“古都北京·历史文化篇”（以下简称北京通史展）是首都博物馆的基本陈列之一，开放于 2006 年。该展览共分文明曙光（史前时代）、燕蓟神韵（夏商周）、千年蓟城（秦汉魏晋北朝）、幽燕风云（隋唐五代）、都城序幕（辽）、帝王之都（金）、国

① 刘玉宏：《论方志馆的性质与功能》，《中国地方志》，2018 年第 1 期。

② 朱佳木：《什么是方志馆以及应当怎样建设方志馆——在杭州方志馆设计方案论证会上的讲话》，《中国地方志》，2012 年第 2 期。

际都会（元）、日下积胜（明）、落日余晖（清）九部分，以历史性的线索，展现了北京从原始聚落到形成城市，从北中国的政治中心跃升为统一的多民族封建国家的都城，进而成为人民共和国首都的历史进程。展览以出土文物为主体，共展出文物675组件，上展文物包括石器、陶瓷器、青铜器、金银器、玉器、织品、书画、家具、拓片等多类别，结合图表、展板等，对城市定位、政治经济、民族融合、中外文化交流、宗教发展等领域进行全方位的通史性展示。展览的内容亮点，主要体现为展览的内圈“北京历史文化”之外圈设置了辅展线“世界文明概览”的内容，作为对北京史发展历程的宏观呼应；同时设置了“海陵王迁都”“元大都积水潭码头”“北京保卫战”“盛世京师（康雍乾时期的北京）”“五四运动”“开国大典”6个场景，既作为串联北京历史的节点，又形成了展览节奏的起伏。

“北京地情展”是北京市方志馆的基本陈列，开放于2013年。共分为7个单元，分别从自然环境、城市变迁、建置沿革、人口、经济发展、文化事业以及方志编修7个方面介绍了北京城市的风物地情，资料翔实，图片丰富，通过展板、实物展品、多媒体等方式生动地展现了北京这一伟大城市的历史沧桑和时代新貌[①]。该展于2017年年底实施了改造更新，进一步增加了展览手段的多样性。如自然环境单元沙盘视频巨幕、3D实景北京胡同游、VR技术带您游故居、北京话测试亭、书法电子临摹等，展览的互动体验性大大提升。

（二）展览内容与展览形式

首先，从展览叙事主题上看，两展结构截然相异。虽然都关乎北京的历史文化，但通史展是按照历史演进的脉络建构展览框架，而地情展则体现出了横向的体系性，呼应了方志纂述的综合性特点。虽然就博物馆的展览结构来说，专题板块也是常见的内容策划方式，但其专题板块的设计多是依据展品归总分类而得来，相对灵活。而地情展的专题分类，则大体上依据志书的结构衍生而来，其章节排布多对应于地方事业的刚性发展指标。同时，每20年左右就要编修一次的方志编纂特点也体现在展陈内容上，其时间断限顺延至当代，具有从古至今的连通性。而博物馆的展示主题虽不排斥当代，但总体上偏重历史。首都博物馆的另一个基本陈列“胡同人家”北京民俗主

① 其展览内容亦参见北京市方志馆编著：《北京地情概览》，科学出版社，2016年版。

题展亦将视角限定于清末民国的胡同民俗，而于新中国成立后基本无涉。这种带有浓重民俗史意味的展陈方式，与地情展对于当代市民生活的体系描述，相互之间的重心取向差异较为明显。

其次，从展览内容组织上看，两展体现出了不同的特征。由于文物展品的个体信息指向的相互关联性常常不那么紧密，博物馆展览整体叙事逻辑的严谨性更多地体现在章节结构上。在北京通史陈列上，总体上呈现为时间演进的线性逻辑结构，每一个章节下的信息组团则相对松散，形成散点式的呼应主题的结构。而北京市方志馆的专题板块结构下，每一个部分的细节展开都在展板文字和数据、图表的相互关联中体现，在内容铺陈上章法性很强。展览框架以经济、政治、文化、社会、生态等内容划分，板块内以时间为序组织展开，体现了严密的体系性。可见，博物馆以物为媒介的散点式组团和方志馆以文本为媒介的逻辑性组团，是区分二者的主要特征之一。

再次，展览形式上看，基于展览主体媒介不同，形成了不同的风格。首都博物馆的通史陈列，以文物为主要信息点，在展厅中展柜的重心地位很明确。在某种程度上，如何烘托文物，成为展览形式设计的重点。地情展内容藉由地方志转化，其内容介质实际体现为地方志内容的调整与删改，是一种以“书”为本的空间化，因而在展览设计中更为强调空间的立面表现，即展板是设计的重点。地情展置放文物的展柜总体上作为一种锦上添花的衬托。这种区分，亦常见于文物类博物馆与行业类博物馆的区分。

二、展览叙事与知识范式

展览陈列，在某种程度上，是学科知识体系的空间化。研究展览，即是研究运用在展示上的各学科的技术，讨论这种知识转化中存在的思维模式。因此，对于两类展馆展览特性的分析，也需要将关注点从技术性层面上升到学理层面，讨论展览背后的知识范式与行业习惯对于展览叙事的影响。

博物馆作为外来的观念与实践，其产生渊源具有明显的多重性[①]。清末民国时期，

① 参见徐纯：《文化载具：博物馆演进的脚步》，台湾博物馆学会，2008年。

中国博物馆的产生与发展在类型、主题、层级、群体代表性、学科归属上也具有多元和声的传统[①]。在引领博物馆实践发展的学科谱系中，考古学是对中国博物馆发展影响最大的一类学科范式。考古学对于馆藏的塑造是申告博物馆公共属性的主要方式之一，而考古学之物也只有最终流向公共博物馆，才能摆脱文物私有和财物交换的价值，而享有现代的法理地位。民国年间，在河南等省，地方考古发现中挖掘的实物已经初步建立了与地方公立博物馆收藏与展示相衔接的公共归属关系，参与到地方区域性文化意识的建构中[②]。新中国成立后，虽然在陈列展览上一度出现了意识形态化主导的倾向，但是靠文物说话，构建以文物为核心的陈列体系的"陈列博物馆化"[③]，依然成了改革开放后中国博物馆发展的主要特征。这既可归因于博物馆与考古学在机构主旨上的互生关系，更得益于新中国几十年来基础建设和日常生产生活中所发现的数量巨大的考古出土文物为之奠定了基石。地方考古发现从整体上形塑了上至国家博物馆、各省级博物馆，下至各市县博物馆的基本馆藏及陈列亮点。比如湖南省博物馆的马王堆汉墓，湖北省博物馆的盘龙城、曾侯乙墓等。

地方综合性博物馆，其馆藏大多是考古出土文物与传世文物的杂糅，在两类文物的基础上分别建构区域历史与艺术的展览陈列内容。一般而言，历史主题展陈以考古出土器物为主，艺术主题展陈以传世文物为主。因此，基本陈列对地方历史文化主题的表现方式多取决于地方考古发现出土文物的丰俭。首都博物馆1981年《北京简史陈列》是依托当时馆藏的新尝试，但由于藏品不足，提出了"有什么摆什么，有多少算多少"的折中办法[④]。至2006年首都博物馆新馆北京通史展，积数十年考古之成果，已有足够的出土器物串联历史之脉络，在展览的内容中即体现了明显的考古学范式的影响。展览的主体模式体现为以考古学为基础，辅之以文献、图像的运用，围绕可移动文物或不可移动文物展开的信息诠释。

方志馆则具有不同的历史轨迹，比起博物馆这样的外来事物，其本土渊源更为清晰。地方志的撰写历史悠久，中国古代、民国时期虽有"史馆""通志馆"之名，

---

① 参见徐坚：《名山：作为思想史的早期中国博物馆史》，科学出版社，2016年版。

② 徐坚：《名山：作为思想史的早期中国博物馆史》，科学出版社，2016年版，第227～247页。

③ 陈成军：《"古代中国"基本陈列内容设计与陈列博物馆化》，《中国国家博物馆馆刊》，2013年第1期。

④ 首都博物馆编：《北京简史陈列（提纲）》（内部资料），1983年。

但主要是“设局修志”的志书编纂机构。新中国成立后逐渐发生的方志馆建设，则已属于传统的转型与革新，大多已容纳有办公、编纂、收藏、展示等综合功能。这种更易常被论者追溯到受苏联地志博物馆理念的影响，将地志馆作为行业认知来源和比附对象①，增加了在为国家与地方存史的精英传统之外眼光向下的社会教育意义和公共服务导向，实际上补充和完善了方志馆的“道统”。

经过多年的发展，各地纷纷涌现的方志馆形成了两大主要特点。其一，体现了从机构属性向公共空间属性的转化，从研究、编纂史志到宣传、展示地情，从闭门办公到开门迎客的角色变化。其二，在方志的文本性媒介基础上，增加了视觉化、空间化的展览传播维度。方志馆展陈的结构与内容，主要依托于地方志，从志书到展览，是从图文的平面组合转化为综合介质的空间组合，两者关系是同宗同源而不同形态而已。从北京市方志馆的地情展来看，其单元结构和内容编排以志书纲目内容为经纬，适度增加实物、多媒体等形式烘托。这种展览模式，在地方文化呈现上所具有的全面性、体系性和规范性是其他场馆所不具备的，可以称之为一种方志学意义上的展览类型。

三、趋同、分野与互通合作

随着时代的发展，博物馆与方志馆在展示的形式和内容上似乎体现出了更多的共性特征。首先，展览的视觉文化具有一定的同质性，不同展览在形式上的差异可能仅仅体现为情景、图文、实物等展示方式的比重不同。教育与传播导向对于展览呈现形式的灵活性与多样性的要求，也使得展览在形式上渐进趋同——在博物馆领域，从文物精品型展览向信息定位型展览的演变②，使文物的诠释方式更加多元，图文影像等附属展品的角色越来越得到重视；而对于方志馆来说，也增加了更多的实物和多样化的技术手段。

其次，博物馆也开始突破时间性的拘束而体现了对当代问题的关注，已经开始重新审视地方志的传统。而一些方志馆在展览体系上也开始具有更多的专题性地情呈

① 潘捷军：《中国方志馆沿革考》，《浙江学刊》，2014 年第 5 期。

② 严建强：《信息定位型展览：提升博物馆品质的契机》，《东南文化》，2011 年第 2 期。

现。仅以北京市方志馆而论，其临时展览即先后涉及了北京民俗、村镇遗产、地方史籍等专题，其表述方式也并非全然是地方志范式，而体现出了更多样的展示特性。以问题为导向的主题性策展，已经成为两类展馆共同的发展方向。

但展览的传播目的和内容建设关涉机构目标等本体论认知和社会角色认定，需要在行业或学科传统中界定自身地位的需求。因而这种趋同的发展，一定是建立在机构本位及其背后的行业传统与知识体系区分之上的互通与互动。

基本陈列作为一个展馆的长期展览，相当于一个人的“身份证”，一般会结合机构宗旨和基础馆藏策划确定，体现了一种知识范式面向社会的传播模式。有学者曾总结了当代新型方志馆展示内容的史、情、志、人、物的基本框架[①]，体现了以地情综述和修志事业为本位，再结合地方特色的扩展与补缀。北京市方志馆的基本陈列虽然经过了大规模的改陈，在展陈形式上增加了实物、多媒体等创新元素，但总体上对于北京地情的脉络式、体系式介绍以及修志史的专设，依然体现了方志学的知识结构的规定性。笔者以为，这种基本陈列上所呈现的行业传统和知识传播方式，应是一种机构的本位，也是方志馆与博物馆展陈所不同的基本特征，呼应了不同的社会角色与责任。基本陈列虽恪守本位，但临时展览则有更多的灵活尺度。在临时展览层面，在综合地情下策划不同的具体主题，以主题展陈为媒介，打通与各平行展馆间的展览交流与展品合作，可以使方志馆的展陈形态更加丰富、多元，充分发挥知识传播与公众教育职能。

这种展览间的交流与合作也体现了博物馆和方志馆在行业发展业态上的相互呼应与互补。

首先，虽然博物馆在后期发展中并没有回应苏联地志博物馆带来的全面性特征，但原有的“百科全书”式诉求，并没有销声匿迹，不是通过一个博物馆、一个展览，而是藉由博物馆体系呈现出来。这一方面可归因于在整体性研究与保护的“情境”观审视下遗产“在地化”原则，同时一些具有综合馆藏性质的博物馆通过转交藏品的方式，从百科全书式的馆藏理想渐转入专题性馆藏的建设。基于馆藏与展示的差异化，全国各省市逐渐形成了社科历史类、自然科学类、革命纪念类、民俗类等专题博物

---

① 潘捷军：《方志馆建设面面观》，《中国地方志》，2015 年第 9 期。

馆。这种区域范围内的散点式主题分布，形成了地方博物馆体系对区域历史和乡土认同的关照模式。方志馆在展览序列中充分借用综合博物馆以及区域博物馆体系中的专题馆的展览与馆藏，不但有助于形成地情专题的多元呈现，同时也有利于在一个区域范围内形成方志的“面对点”的空间呼应关系。

其次，地方综合博物馆作为省、市、县文物部门主管的博物馆，多表现为一种地方历史与地方艺术组合的展览业态。不过由于历史原因，大多数的地市级及以下基层博物馆都出现了精品稀缺甚至无藏品可言的情况。这种馆藏结构的倒金字塔型使得省市以下的绝大多数基层博物馆在展品的诠释上既无法复刻省级馆的考古范式和艺术范式，又不得不陷入其展示模式中而落入发展困境。如何解决这种行业的发展问题，便有专家学者将视角延伸至方志馆。如彭卿云即认为，“中国文物多少、分布是不平衡的，许多市县不可能有建博物馆所需的古代或近现代文物史料。如若像地方志那样，将自然、人文、地理、历史、经济、文化、民风民俗、技艺、特产等等都作为收藏、研究、保护、展览的资源、对象，那就大不同于单纯的以文物建博物馆的要求了，必需的地志性博物馆就可以有条件建设起来了”[①]。在彭卿云看来，以方志为依托的地志馆从功能上将有助于克服博物馆发展中的“千馆一面”现象，同时也有助于挽救博物馆的乡土传统，回应社会职责。这已然涉及对于博物馆展览范式的偏移与调整。虽然分属不同的机构体系，但博物馆与方志馆在地志馆情节上的渊源关系，方志文化在地方认同上的资源集合优势，都为两者在未来的发展中可能的互动关系埋下了伏笔。

无论是馆舍、展览等物质性要素，还是面向公共开放的社会性要素，或是研究与展览主题的在地化关怀，博物馆与方志馆都具备了一定的互通性基础。地方史志机构一直有与地方研究机构等单位合作的优良传统，这是一种研究的上行。与此同时，亦应有一种实践的下行，即开展与地方博物馆、图书馆、文化馆等机构在展览、社会教育活动等方面的合作。在中国正逐步走向新时代特色社会主义建设的时代背景下，各平行机构间的优势互补，对各自事业都将产生积极的推动作用，也将有助于构建和完善公共文化服务的大格局，助力传统文化“两创”方针的落实，促进新时代中国特色社会主义文化发展繁荣。

① 彭卿云：《适当提倡地志博物馆建设有助于博物馆的多样化》，《中国文物报》，2017 年 7 月 14 日。

The Analysis of the Exhibition Principle and Position of Local Chronicles Museum

方志馆策展原则与展览定位分析[①]

刘 迪 徐欣云[②]
Liu Di Xu Xinyun

内容摘要

方志馆展览是方志馆发展内在诉求、公众文化服务要求、公众视觉化体验需求等多方因素共同构建的产物。它与地方综合性博物馆历史渊源深厚，功能体系相近，但核心资源形态存在较大差异，由此形成不同的资源向展览转化路径。方志馆在策展中应注意与地方综合性博物馆错位发展，提升方志文本信息的可视化程度，重视教育性在展览中的渗透。在方志馆展览定位上，应力求内容地情化，体系专题化，模块主题化。

关键词

方志馆 策展原则 展览定位 博物馆

Abstract

The exhibition of local chronicles museum is the product of the internal demand of local chronicles museum development, the requirements of the public cultural service and the demand for the visual experience of the public. There is a profound historical origin and similar functional system between the regional museum and local chronicles ones, and there is a great difference in the form of the core resources, which leads to different paths for the resources transfering to the exhibition. In the course of the exhibition planning, local chronicles museums should pay attention to the complementary development with regional museums, enhancing the visualization of the text information of the local chronicles and the education function in the exhibition. The exhibition of local chronicles museums should strive to contain more local contents, form subject-based system and have thematic modules.

Key words

local chronicles museum curatorial principle exhibition location museum

① 本文为2017年度江西省高校人文社科青年项目“江西书院文化遗产的博物馆化传播研究”（项目编号：TQ17203）成果。

② 刘迪，1982年生，男，辽宁沈阳人，江西师范大学博物馆学系讲师、博士。研究方向为博物馆学。
徐欣云，1968年生，女，江苏扬州人，江西师范大学博物馆学系副教授、博士。研究方向为档案学。

方志馆是传统方志机构在当代社会需求下依托自身独特资源实现功能升级与重新整合的产物。“馆”是这一机构的物质形态与空间载体，“方志”则是这一机构全部工作所围绕的中心，是该机构独特性的根基。集方志收藏、研究、展示与服务等功能于一体的方志馆起步于21世纪初，国务院《地方志工作条例》颁布后，方志馆建设进入高速发展阶段。

在方志馆建设中，展览作为与社会公众沟通的桥梁、地情科普教育的窗口备受重视。然而，展览作为这一新兴机构的新生功能在实践中仍表现出较强的探索性，理论探讨更显薄弱。当前，滞后的理论研究难以形成对方志馆策展实践的有效指导，相当程度上制约了方志馆的展览水平。

本研究拟对方志馆展示功能的出现，与地方综合性博物馆差异，方志馆策展原则与展览定位等基础性问题进行探讨，以期对方志馆展览实践工作有所帮助。

一、方志馆展示功能的凸显

与传统方志机构相比，方志馆更加强调方志资源的社会化服务与利用，其新增展示功能与展馆空间正是这一取向最为突出的表现。

与博物馆先天的视觉中心化不同，方志馆的展示功能是在多方诉求下建构而成的。

（一）展示功能是方志馆发展内在诉求的产物

任何机构都必然通过自身功能来显现社会价值与意义，其功能主要有两个来源：原生与建构。原生功能与机构同步诞生，具有较强的专业性和特殊性。脱胎于传统方志机构的方志馆其原生功能即为方志的修与藏。然而，机构在发展中必然寻求意义与功能的增殖，两者互为表里。机构存在的独特意义体现在原生功能的独特性之中，而发展的诉求使之必须建构起一种能够与社会进行广泛而有效互动的方式，即机构社会化、外向化发展策略的功能载体，建构性功能由此衍生。展示功能得以被方志馆所建构，一方面因其所具有的信息资源的传播与教育价值，另一方面因其信息具有在展馆空间中进行可视化呈现的可能。展示功能，弥补方志馆因方志、年鉴等资源专业性较强造成的公众难以利用，从而扩大了方志的社会作用，同时也有利于提升方志馆的社会影响力及工作者的地位。

（二）方志馆展览是公共文化服务要求的产物

与公众日益增长的精神文化需求相比，我国的公共文化服务仍存在一定差距，优质公共文化服务的提供显得尤为迫切。《中华人民共和国公共文化服务保障法》的颁布使公共文化服务建设有了制度性保障。近年来，公共文化服务的理念与实践无疑对方志馆产生着深刻影响，因此，中国地方志指导小组颁布的《方志馆建设规定（试行)》将方志馆定位为“收藏研究、开发利用地方志资源，宣传展示国情、地情的公共文化服务机构”。公共文化服务在根本上要求机构具有切实而非名义上的公共性与开放性，即所提供的服务可被大众理解与接受，这是传统方志机构常规的方志收藏与研究所无法企及的，而必须将典藏与研究资源通过一定机制转化为可被公众接受的“科普”服务形态。方志馆展览便在这样一种背景下，因其自身的视觉直观传播优势在众多可能的服务形态中脱颖而出，担负起方志馆公共文化服务的使命。

（三）方志馆展览是图像时代公众视觉体验需求的产物

伴随互联网与媒体技术日新月异的发展，公众的日常生活已被图像高度占据，图像文化无处不在。图像以势不可挡的力量裹挟着身在其中的每一个人，潜移默化地影响并规训着公众的习惯与日常，进而形成公众的视觉习惯与视觉体验需求。从未有任何时代，图像资源像今日这样丰富，视觉图像的力量如今日这般强大。方志馆面向社会公众的公共信息传播与服务必然顺应这一趋势，将具有精英色彩的文字符号转化为具有视觉直观冲击性并在传播过程中易懂的视觉图像，借由图像信息引发观众对信息的接收、理解与思考，让观众在不需大量阅读文本的情况下，便能感知到图像象征信息背后的某种意义，以消弭高雅文化与通俗文化间的鸿沟。由此，视觉化的展览模式在以文字、文本见长的方志馆中应运而生。

二、方志馆与地方综合性博物馆的关系

从展示功能看，方志馆与博物馆具有相似性。从展示内容看，以展示地方综合性地情为主的方志馆与地方综合性博物馆似乎存在一定程度的内容重叠。回顾两类机构的历史，地方综合性博物馆的前身可追溯至新中国成立初期被大力推广的地志博物馆；而方志馆也被研究者视为地志博物馆的发展、提升和完善[①]。方志馆与地方综合性博物馆的历史与现实紧密交织，这无疑构成方志馆展览定位及发展所不可回避的重要背景，两者关系的厘清将有助于明确方志馆展览的方向。

（一）历史渊源深厚

地志博物馆是现今地方综合性博物馆的前身，也与方志馆有着深刻的渊源。新中国成立初期，博物馆建设道路的探索深受苏联影响，地志博物馆作为苏联博物馆一种极为重要的类型很快被移植到中国。苏联的地志博物馆有自然之部、革命前历史之部和苏维埃时期之部三部，其中苏维埃时期之部又分为历史、地方的社会主义经济与文化两个部分[②]。当时苏联大百科全书交代了其与地志工作的关系："地志博物馆是地方的地志工作的科学方法中心（见"地志学"条）。"[③]地志研究成为此类博物馆陈列内容的重要学术支撑。

中国在学习苏联经验过程中并非原样照抄，而是在其精神实质基础上根据我国实际情况加以改造，最终形成"以当地的'自然富源'、'历史发展'、'民主建设'三部分为陈列内容"[④]的中国地志博物馆模式。这一时期的地志博物馆从类型名称、陈列体系、陈列内容、学术支撑等方面无不表现出与地志工作的密切联系。

20 世纪 80 年代以后，地志博物馆的模式逐渐被打破，与原有自然、历史、民主建设三足鼎立的地志博物馆有所不同，地方综合性博物馆打破各陈列部分比例上的均衡，将原有民主建设的部分删去或合并于历史部分并增添地方特色艺术或专题性陈列

① 潘捷军：《方志馆研究综述》，《中国地方志》，2014 年第 12 期。

② 南应：《地志博物馆》，《文物参考资料》，1956 年第 9 期。

③ 南应：《地志博物馆》，《文物参考资料》，1956 年第 9 期。

④ 《地志博物馆苏维埃时期材料搜集工作的意义》，《文物参考资料》，1952 年第 2 期，第 1 页。

部分。“通史加专题”成为当代地方综合性博物馆的常见陈列模式[①]。在这一转变过程中，方志作为陈列内容的主要学术支撑地位逐步下降，而这也正为方志馆展示功能的出现及其展览独立价值开辟了空间。

（二）功能体系相近

方志馆自身发展经历了由纯文献资料馆到综合性新型地情馆的转变，展示成为新机构功能重要组成部分。当前的方志馆以方志资源为中心建构起收藏保护、展览展示、编纂研究、专业咨询、信息服务、开发利用、宣传教育、业务培训、文化交流等功能。而博物馆则是以藏品为中心形成功能体系，核心功能为藏品的收藏、研究、展示与教育。博物馆在“为社会和社会发展服务”的目标下，不断尝试扩充自身功能，已延伸至收藏、保存、创造、研究、观光、宣传、展示、休闲、娱乐、教育、经济等诸多方面[②]。

地志博物馆使地方志与博物馆实现了首次正式“相遇”，以方志研究为内容支撑，以博物馆展览为传播手段，向公众传播地方知识。当前，两者以功能高度重叠的面貌“重逢”，不同的是两者的资源具有较大差异。

（三）核心资源不同

博物馆的核心资源为藏品，即博物馆“为教育、研究、欣赏的目的”，根据博物馆性质与定位，所收集保藏的“人类及人类环境的物质及非物质遗产”。虽然当代博物馆已将藏品领域扩大至非物质遗产，但仍以物质遗产为主体，资源显现出较强的“实物性”特征并强调实物的“原真性”。此外，博物馆藏品包罗万象，还具有种类上的广博性。博物馆藏品的意义体现于它是社会行为的物化，对其特定层面意义的揭示与解释构成对博物馆藏品的阐释，而观众对藏品的理解则被视为是基于实物的学习过程[③]。种类繁多、形态各异的实物藏品构成了博物馆机构一切活动的基础。

---

① 参见刘迪：《地方综合性博物馆个性化发展困境之反思》，载中国博物馆协会博物馆学专业委员会：《中国博物馆协会博物馆学专业委员会2014年“博物馆个性化研究”学术研讨会论文集》，中国书店出版社，2015年版。

② 桂雅文：《爱上博物馆》，广西师范大学出版社，2003年版，第29页。

③ 宋向光：《物与识：当代中国博物馆理论与实践辨析》，科学出版社，2009年版，第139～171页。

方志馆工作的展开主要以文献为基础，其本质上为一种以文字书写为基本表达的信息资源，方志与其他信息资源相比，显现出较强的区域性与专业性特征。就形态而论，方志资源分为纸质资源与非纸质资源两类。其中纸质资源在今后相当长的一段时期内，仍将是多数方志馆馆藏资源的基本构成[①]。除古籍善本外，方志文献更强调其中信息的“真实性”，而非物质载体的“原真性”。

由于两个机构核心资源形态的差异，其馆藏资源向展示形态转化的机制、路径均有所不同。

三、方志馆策展原则分析

（一）与地方综合性博物馆错位发展

地方性展览无疑将发掘并呈现地域特色作为策展工作的重要原则之一，这是由展览内容的内在逻辑所致。地方性展览的这种内在逻辑同时也导致同一地域展览内容的同质化与竞争性。因此，方志馆在地方性基础上寻求与地方综合性博物馆展览的差异化显得尤为重要。

与地方综合性博物馆相比，方志馆展览策划应从以下 3 个方面着手：

第一，区别于地方综合性博物馆以实物展品为基础的策展路径，方志馆应强调地志文献资源的深挖、整合与阐释，在信息基础上而非实物基础上形成展览框架，并构成信息的可视化。

第二，区别于地方综合性博物馆陈列的通史化处理，方志馆展览应以方志分类及信息特征为基础进行内容的专题化展示。

第三，区别于地方综合性博物馆主要依托于实物展品进行信息传播的方式，方志馆应多种展示技术手段并重，情境化、立体式地进行信息传播。

① 黄琦峰：《简论方志馆馆藏资源建设》，《广西地方志》，2013 年第 6 期。

（二）力求方志文本信息的可视化

展示，意味着信息的可视化表达与传播。博物馆陈列是在既定主题与传播目的下通过展品的组织与组合，实现信息和意义的生成与增殖，并主要依托实物展品进行可视化传播。无可否认，博物馆展品的实物性使陈列具有更强的直观性。与博物馆相比，方志馆策展的难点在于将以文本形态为主的馆藏信息进行可视化转化。

受“言以载道”“象以弘道”的儒学传统影响，中国传统地方志书中便有插图，具有形象直观、浓缩概括、图文互证三大优势，并构成一种可视化史料[①]。当下，由于现代成图科技的进步，新志书插图种类、表现手法与内容均得以丰富[②]。然而，地方志书中的可视化材料仍远不能满足展示需求，因此，方志馆展览的信息可视化需在原有地方志书图像外另辟蹊径。

文本信息的视觉化表达是将以语言文字为主的抽象化信息，转化为以实物模型、图像、图表、动画、景观、场景等为主的直观形象，使观众以较轻的认知负荷把握并理解信息，如将数据信息图表化呈现、地理信息沙盘化呈现、实物性信息模型化呈现、叙事性信息图像化或影视化呈现、原理性信息以特殊展项动态互动式呈现、说理性信息以景观化或情境化呈现等，用这些方式对地方志知识进行可视化表征，可以提升观众对知识的理解水平及展示效率。

目前，方志馆展览普遍存在知识可视化程度较低的情况，具体表现在3个方面：第一，展板文字量过大，图像资料不足；第二，以展板为代表的平面化展示为主，立体的、空间化的、情境化的展示不足；第三，以图片、模型化的静态展示为主，多媒体化、互动化展示不足。以上情形在很大程度上造成了展览的枯燥无趣，应在新的展览提升过程中加以改进。

（三）重视教育性及教育理念在展览中的渗透

展览是方志馆实施公共服务的主要窗口，由此建立起与社会公众之间的联系，从而促进社会发展。展览本身是一种信息服务方式，具有教育的潜能以及客观上的教

① 参见彭志：《隐藏的世界：方志插图的多维讨论——以清康乾时期方志为例》，《中国地方志》，2017年第1期。
② 参见杨谦、东山：《谈入志插图》，《中国地方志》，1997年第2期。

育效果。而这种不自觉的教育性如能得以强化，在展览构建与策划之初便加以明确，后期或会获得更好的传播与教育效果，也使展览超越一般欣赏对象，而成为一种明确的教育资源。

要实现这一目标，在展览策划中应注意以下几方面：第一，对展览的教育目标及传播目的进行规划，具体涉及情感目标、知识目标、能力目标等；第二，通过展品组合、情境化等手段增强对展示信息的阐释性；第三，利用现代化媒体手段及互动项目增强陈列本身的体验性；第四，满足深层次学习者需求，在展览显性信息以外合理巧妙设置隐性信息；第五，研发与展览配套的、服务不同群体的导览设备，开发基于展览的辅助教育工具（如参观学习单），策划与展览相关的教育活动。

四、方志馆展览定位分析

（一）展览内容地情化

方志馆展览应着力依托自身资源及资源特征，形成有别于其他场馆的展示特色。从《地方志工作条例》可知，地方志工作主要围绕地方志书、地方综合年鉴展开，它们是重要的地情资料和文献，其中全面而系统地记述着某一行政区域的自然、政治、经济、文化及社会等方面的人、事、物，囊括社会生活的各个领域。它们是方志馆展览内容的主要来源。方志馆展览内容的地情化使其获得“地情教育现实教材”的意义，由此激发人们热爱祖国、热爱家乡的热情，增强民族自豪感和民族凝聚力。

地情资料要转化成地情展示，中间还要经历必要的过程。地方志编纂要求述而不论，因此，地方志属资料性文献。这些资料必须在学术研究基础上才可能向展览转化。学术研究侧重对真实性的“考据过程”，而展览则是对研究结果的“转化运用”，展览中每一件展品、每一组信息都是经过学术研究“勘验”的产物。从这个意义上讲，展览内涵源自学术研究，它是展览知识性与科学性的保证。然而学术化的研究成果并不符合展览信息传播特点，因而还需要策展人员在学术研究成果基础上对其进行通俗化的阐释与可视化的转化，最终形成以地情资料及相关研究成果为基础的方志馆展览。

（二）展览体系专题化

地方综合性博物馆以地方通史陈列为主体模式，力图系统而全面地反映某一地方历史发展全过程，呈现整个地方社会历史发展缩影。而方志馆的宏观展览体系应与其主体资源的内在逻辑与结构特征保持一致，以专题化的方式构建自身展览体系，即形成若干选题明确、内容专一、结构严谨、自成体系的展览单元。如潘捷军提出从史、志、情、人、物等5个方面构建方志馆展览体系①；江西省方志馆通过地理、生态、经济、社会、文化、人物和“十二五”规划蓝图7个版块展示该地的综合地情②。

展览专题种类繁多，包括事件专题、人物专题、问题专题、纪念专题、事物专题等。方志馆应从地方志资料的分类及结构出发，形成基本的宏观展览专题化体系。同时，不同地域所孕育出的不同自然环境、历史遗产与社会人文，为各地方志馆展览特色的形成提供了得天独厚的条件，应深挖各地域行业、社会、文化方面的资源特色，形成各方志馆展览中的特色专题。以江西为例，陶瓷与书院作为地方特色资源，应考虑形成独立专题予以呈现，真正做到“人无我有、人有我优”，形成展览亮点。

展览体系的专题化对策展人员的专业化程度提出了更高要求，要求其具备对某一方面内容把控、深度研究与阐释的能力。

（三）展览模块主题化

方志馆宜采用专题化展览体系，以呈现当地地情的各个侧面。而对于每个专题展览的策划，则应考虑进行主题化处理。

展览的主题化，即通过对展览选题所涉及的相关事实与知识，进行深刻地哲理层面的思考和认识，从而预先构建起展览内容及表现形态所反映的中心思想，其中包含价值判断、观念、态度、审美等一系列思维活动成果。如江西省方志馆的省情基本陈列，即在地方史志资源研究基础上提炼出展览主题“江西是个好地方”，由此构成对整个展览内容强而有力的引领。

然而，考察已有方志馆展览，所见情况更多是以选题代替主题，即仅框定展览

① 潘捷军：《方志馆建设面面观》，《中国地方志》，2015年第9期。

② 张满满：《方志馆馆藏建设探索——以江西省方志馆建设为例》，《中国地方志》，2012年第12期。

内容所涉及的范围，而缺少意义的提炼和价值判断的形成。缺少鲜明主题的统摄，展览的导向性欠明确，策展思路易模糊不清，展示素材选取存在无目的性且难以剪裁，看似面面俱到，实则杂乱无章。从展示效果上看，展览内容的内在联系不足甚或缺失，形成知识的碎片化、孤立化与简单叠加，未形成具有一定结构与逻辑的知识体系，展览的意义无法有效生成，使展览的价值严重流失，亦弱化了展览的引导与教育功能。

方志馆各专题模块的主题化，对展览内容研究提出了更高要求，同时也促进方志馆展览知识深度与传播力度的拓展，能有效避免各地方志馆展览的雷同现象，从而推进方志馆展览在整体上向更高品质迈进。

余论：方志馆和博物馆的交流、合作与碰撞

方志馆与博物馆历史渊源深厚，且在功能体系上具有相似性。两者在追求错位化、差异化发展的同时，也存在着广泛交流与合作的基础。地方综合性博物馆的陈列策划应充分吸收、利用方志资源、研究成果及方志理论，以丰富并夯实自身的展陈内容。方志馆应积极吸收博物馆中已较为成熟的展陈理念与技术手段，以促进展览形式的多样化；方志馆还应借鉴博物馆教育的形式及理念，进行深度而多样的公共文化服务；在数字方志馆建设方面也可借鉴数字博物馆、虚拟博物馆、智慧博物馆建设及研究成果。两者应寻求优势互补，实现资源共享、学术交流、展览及教育项目合作，最终达成双赢的目标。

方志馆与博物馆，两个机构，两种视域，不同的理论，多学科的方法，通过碰撞才能实现学术的交融，增强各自领域的学术品格，在其碰撞的知识边界之处正是理论研究新的生长点。也只有通过两者的对比研究，方能显现出两个机构自身的特殊性，从而明确各自的定位与宗旨、资源及其开发转化模式、传播与服务路径等。本研究正是这一思路下的一种学术尝试，从两个机构资源及展示转化机制的差异出发，探究方志馆策展原则与展览定位。

Reflect on Construction of the Yellow River Branch Museum of the National Local Chronicles Museum

国家方志馆黄河分馆建设与思考

杜金华[1]
Du Jinhua

内容摘要

国家方志馆黄河分馆是全国已建成的面积最大的国家方志馆分馆，经历了从无到有、从小到大、从低到高的发展历程。其间，通过不断提高政治站位、多方借势借力、全力推进项目实施，最终实现凤凰涅槃。

关键词

方志馆　黄河　东营　建设　经验

Abstract

The Yellow River Branch Museum of the National Local Chronicles Museum is the largest branch museum of the National Local Chronicles Museum that has been built in China. It has been through the process of starting from scratch, growing from small to big, and developing from low position to high. Meanwhile, by constantly improving the political position, leveraging various resources, promoting the implementation of the exhibition project, it has finally realized a leaped development.

Key words

local chronicles museum　the Yellow River　Dongying　construction　experience

① 杜金华，1968 年生，山东河口人，大学本科，东营市史志办公室主任（国家方志馆黄河分馆、东营市方志馆馆长）。

国家方志馆黄河分馆批复于2015年7月，是在东营市方志馆建设基础上的进一步提升和功能完善。2016年5月，东营市委、市政府决定启用原黄河文化博物馆馆舍单体建设方志馆，馆舍建筑总面积20351平方米，展陈面积10928平方米，展陈工程概算投资1.3亿元。2017年6月27日通过展陈设计施工方案，7月正式动工。2018年5月29日正式开馆运行。

一、“旗帜鲜明讲政治”，在不断提高政治站位中筹划国家方志馆黄河分馆

史志工作是中国共产党领导下的重要意识形态工作，方志馆作为史志工作的展示载体和组成部分，旗帜鲜明讲政治是做好方志馆工作的基本前提。在提出方志馆建设的设想之初，东营市与其他绝大多数地方一样，都是计划将方志馆打造成为地方文献的收藏场所、地情集中展示的中心。中共十八大以来，东营市史志工作者认真学习领会习近平关于弘扬中华民族优秀传统文化、加强社会主义核心价值观建设、构建公共文化服务体系等方面的重要论述，不断深化对方志馆建设的思想认识。

（一）建设国家方志馆黄河分馆，是弘扬中华优秀传统文化特别是黄河文化的现实需要

习近平指出：“中华优秀传统文化是中华民族的精神命脉”，同时强调“长江、黄河都是中华民族的发源地，都是中华民族的摇篮”。在人类文明历史长河中，川流不息的黄河孕育了两岸人民，创造了源远流长、博大精深的黄河文化，成为中华优秀传统文化的代表和源泉。但目前来看，对于黄河文化的挖掘传承、系统展示还相对比较薄弱。东营作为黄河入海口城市，具有黄河文化的深厚积淀，是黄河文化集大成之地，大力弘扬宣传黄河文化，是东营方志人责无旁贷的政治责任。因此，建设国家方志馆黄河分馆，全面展示黄河文化在中华优秀传统文化中的独特地位、鲜明特色、发展脉络等，成为紧迫而现实的需要。

（二）建设国家方志馆黄河分馆，是加强社会主义核心价值观建设的现实需要

习近平指出，要“使中华优秀传统文化成为涵养社会主义核心价值观的重要源泉”。黄河文化中所蕴含的独特的区域性文明、源远流长的文化传统、不断进取的文化精神等，是社会主义核心价值观宝贵的思想源泉和直接的精神纽带之一。通过建设国家方志馆黄河分馆，不仅可以为人们了解黄河文化、了解东营地情提供窗口和资源保障，更重要的是可以为人们更加全面、深刻地认识黄河流域这片热土提供认知平台和文化支撑，用地域文化、优良传统的魅力去教育、感染、鼓舞人们，培育家国情怀，凝练文化认同，增强文化自信，营造出积极践行社会主义核心价值观的良好社会氛围。因此，建好、用好国家方志馆黄河分馆，可以在教化人心、巩固信仰等方面发挥不可替代的积极作用，成为践行社会主义核心价值观的重要推动力量。

◎ 国家方志馆黄河分馆

（三）建设国家方志馆黄河分馆，是构建完善公共文化服务体系的现实需要

习近平指出："要紧紧围绕建设社会主义核心价值体系、建设社会主义文化强国，完善文化管理体制和文化生产经营机制，建立健全现代公共文化服务体系、现代文化市场体系来做好工作，以此推动社会主义文化大发展大繁荣。"建设国家方志馆黄河分馆，至少可以完善3个方面的公共文化服务功能和体系：一是黄河文化的挖掘提升，二是东营方志文化和地情信息的普及，三是国家方志馆区域文化的补充。这对于大力提升公共文化服务水平，保障人民群众基本文化权益，让人民群众共享社会主义文化发展成果，不断满足人民群众日益增长的美好生活需要特别是文化需求，大力提升人民群众的文化自信和文化认同，都具有十分重要的现实意义和深远的历史意义。

二、"借势借力、先行先试"，在创新中推动国家方志馆黄河分馆建设

国家方志馆黄河分馆建设是一项庞大的系统工程，绝不是一个市级史志部门、十几个人能够干得了和干得好的，必须敢于和善于借势借力。同时，与图书馆、博物馆、文化馆、档案馆等相比，方志馆还是新生事物，建设理念还不够成熟，更没有多少现成的经验可供借鉴，必须敢于先行先试，摸石头过河。

（一）眼睛向上向外，借势借力

一是向上争取资源，推动建立共建机制。东营市史志办单位小、层级低、力量弱，单凭一己之力，根本无法完成这一"国字号"工程。同时，国家方志馆黄河分馆展现的是黄河，黄河流经9个省份，离开上级部门和黄河河务部门的参与支持，项目建设就是一句空话。为此，东营市史志办积极向市委、市政府建议，推动建立了东营市、中国地方志指导小组办公室（以下简称中指办）和水利部黄河水利委员会（以下简称黄委）的三方共建共享机制。东营市是投资建设主体，全面负责规划建设与建成后的管理运行。中指办发挥顶层行业领导部门的优势，主导组织专家拟

◎ 黄河口四季体验厅

◎ 展厅内部

定展览大纲，协调征集沿黄河相关史料，提供政策智力支持，赋予国家方志馆有关职能，确保建得好、用得好。黄委发挥研究黄河和黄河文化的权威部门优势，对拟展览内容予以全面把关指导，对黄河文化的深刻内涵、时代精神予以严格把关，在展陈方式、展示手段上予以指导，以确保展览的科学性、系统性、权威性。充分发挥黄委在黄河流域的组织协调优势，调动整合多方力量深入挖掘黄河文化资源，加强区域内的文化交流，加大相关史料搜集和文物征集力度，指导布展工作。中指办、黄委共同指导建成后的相关业务开展。本着“合作共建、资源共享、场馆共用”的原则，三方达成共建协议，组建了领导小组，市委、市政府和中指办主要领导及黄委 1 名副主任任组长，另有三方 5 名副厅级领导任副组长，市直 15 个相关部门主要领导及中指办和黄委若干名专家为成员，为顺利推进建设提供了有力保障。

二是向外拓展渠道，探索建立合作机制。方志馆的展示离不开实物，更需要文物。方志馆虽不同于博物馆，但文物展示效果不可代替。东营地处黄河入海口，大部分区域成陆时间短，加之受多种因素影响，区域内文物缺乏。为丰富展陈内容和形式，东营市史志办通过多种渠道与黄河流经省份的博物馆（院）进行联系，寻求合作。这些省份的博物馆（院）馆藏文物丰富，同时也有合作办展的意愿。从 2017

年年初开始，东营市史志办组织精干力量，兵分三路，到沿黄河各省博物馆（院）洽谈文物联展借展事宜并全部达成合作协议，共借展文物300余件（套），与河南博物院联合举办了中原文化文物展，展出文物96件（套），与宁夏岩画院举办了岩画特展，均受到广大市民的喜欢与好评，极大增强了国家方志馆黄河分馆的黄河特色和文化魅力。

（二）摸着石头过河，先行先试

国家方志馆黄河分馆是个新生事物，没有成熟的经验可以借鉴，所以在工作中必须要解放思想，在各个方面寻求创新。比如在国家方志馆黄河分馆的功能定位上，东营市提出并实践了建设综合馆的设想，就是建设集方志馆、博物馆、展览馆等诸多功能于一体的综合馆，以防功能过于单一而失去大众，门庭冷落，浪费资源。在综合馆这一定位下，着力实现4个目标：

一是打造黄河文化的标志。以自然黄河为基础、文化黄河为内涵、人河协调为主线，打造集中普及黄河文化知识、展示黄河精神的标志性工程，力争在高度、广度、深度及知名度、影响力上全面超越之前所有以黄河或黄河文化为主题的各类场馆。

二是打造东营市的文化名片。以东营历史文化发展特别是近半个世纪以来的成就为落脚点，折射中华民族精神的传承与发展，让人一提东营就想到东营特色文化，一提东营特色文化就想到国家方志馆黄河分馆。

三是打造全国方志馆的样板。落实习近平“四个自信”的部署要求，努力将国家方志馆黄河分馆建设成为文化建设、文化创意、文化积累、文化提升的历史性成果，彰显方志文化魅力，打造成为全国方志馆的标杆与典范。

四是打造重要的爱国主义教育基地。充分发挥黄河文化和东营市情的资源优势，运用多种形式，对广大市民进行爱国主义教育、爱家乡教育，培育家国情怀。在展陈方式上，充分利用传统手段和志说形式，恰当运用声、光、电等现代手段进行生动、逼真的情景再现，突出互动性、体验性，增强趣味性和吸引力。

三、落实“大纲拟定、展品征集、措施保障”，在高点定位中建设国家方志馆黄河分馆

（一）高起点拟定展览大纲

俗话说，纲举目张。一个好的方志馆必须有一个好的展览，而一个好的展览关键在于一个好的展览大纲。东营市从一开始就组织高水平专家拟定展览大纲，以“志说黄河、志说东营”的方式，突出“纵览黄河、感知东营”这一主题；以“大河奔流”总揽“中华母亲河”“魅力黄河口”两大板块，力求全面、系统、真实、生动地展示黄河风采，传播黄河文化，讲述东营故事，彰显东营魅力。展览大纲先后在北京、江西景德镇和东营组织讨论修订10余次，北京大学、清华大学、中国革命历史博物馆、故宫博物院、水利部的顶尖专家学者及史志界学者200余人次参加了讨论修订，为制定高水平展陈设计方案奠定了坚实基础。

（二）多渠道丰富馆藏展品

没有丰富的馆藏和展品，馆舍建得再大再漂亮，也是一座外强中干的空中楼阁。东营市一边推进展陈工程建设，一边从多个渠道丰富馆藏做厚家底，增加看点彰显主题。在馆藏方面，山东省史志办主任刘爱军给予了大力支持，亲自到东营考察指导，并捐赠了近年来的优秀志书上千册。在省史志办的协调下，市史志办多次分兵出动，深入所有黄河流经省份（山东除外）的50多个地市、300多个县区，上门征集志书，收藏率达95%以上，并收集《黄河文化百科全书》《黄河文化丛书》等有关黄河及黄河文化图书10余种、数百册，为彰显黄河文化特色做了充分准备。同时，广泛征集图片、音像和实物资料，累计征集东营历史文化图片资料12万幅、音像资料时长2.2万秒，收集具有浓郁东营历史文化信息的老物件700余件，委托国防大学影视中心拍摄制作了历史文化专题片《沧桑东营》。此外，系统开发史志资源，先后出版了《东营图志》《百年沧桑——老照片及其背后的故事》《时光有痕——黄河口老物件》《黄河口老民谣》等地情图书，深受社会欢迎。

（三）全方位强化保障措施

一是强化组织保障。国家方志馆黄河分馆是全市重点文化项目、“一把手”工程，市委、市政府主要领导亲自挂帅，亲自督导，一名副市级领导靠上督导落实。从住建、财政、审计等部门抽调精干力量组成筹建办并集中办公，集中办公人员与原单位彻底脱钩，工作单独考核。工程建设倒排工期，公示上墙，责任到人，集中全市力量，调动一切能量，全力推进实施。二是强化资金保障。项目建设伊始，市委、市政府主要领导一再表态：建设优质工程，资金不是问题。2016 年，国家方志馆黄河分馆展陈项目被列入市政府年度投资计划，2017 年又列为全市重点项目。项目实施后，所有工程款均按规定及时足额拨付到位。三是强化标准保障。坚持一流的境界，追求一流的标准，建设一流的工程。依据展览大纲，通过公开招标，确定了国内一流的设计公司，制定了一流展陈方案，为建设精品文化工程奠定了坚实基础。

四、突出“方志性、东营性、国家性、黄河性”，以鲜明的特色展现国家方志馆黄河分馆

国家方志馆黄河分馆是东营的文化地标，从一开始，东营市就把中国地方志指导小组秘书长冀祥德提出的“四性”要求作为最大特色并贯穿始终。一是方志性。把方志性作为国家方志馆黄河分馆基本外在属性，充分体现方志特点，发挥志说优势，运用志说手段，志说黄河，志说东营，传承黄河文化。二是东营性。国家方志馆黄河分馆同时又是东营市方志馆，自然要充分展示东营要素、东营特征，体现浓郁的东营风貌、东营文化。其中，把“魅力黄河口”作为主题展览的两大板块之一，全方位多角度立体式展示东营。三是国家性。在规划建设的每一项具体工作中，东营市史志办都努力以开放的视野、开放的思维、开放的理念，往最高处站，往最远处看，立足东营，面向全国，从方方面面体现国家方志馆分馆的国家高度、国家气派、国家风范。四是黄河性。黄河性是国家方志馆黄河分馆最突出的特征。集中彰显黄河性是国家方志馆黄河分馆的重中之重，建馆成败与否关键在于能否唱好黄河性这一拿手戏。为

此，在设计“中华母亲河”主题展览中，想尽一切办法，运用一切手段，全面充分地体现国家方志馆黄河分馆的黄河文化、黄河特色、黄河象征，全面充分地记录黄河、展示黄河、讴歌黄河。

国家方志馆黄河分馆的建成开放，只是万里长征走完了第一步，今后的工作将更繁重更艰巨。下一步，要一如既往地创新驱动，锐意进取，确保国家方志馆黄河分馆建设得好、管理得好、服务得好。要努力为广大市民和各方观众提供热情周到的服务，让观众在这里纵览黄河、感知东营，学到知识、受到教育；要切实履行国家方志馆赋予的各项职责，高标准、严要求地完成各项任务；要进一步完善工作计划，加强与国内各省、市方志馆的联系与合作，学他人之长，补自己之短，共同提高进步；要与市内外文化部门和单位进行合作，制定项目发展规划，加大文化创意力度，持续开发文化精品，让国家方志馆黄河分馆永葆青春活力，充满勃勃生机。

To Promote the Construction of Guangdong Local Chronicles Museum and to Create Public Cultural Service Base of Local Chronicles

推动广东方志馆建设　打造地方志公共文化服务基地

陈宏亮 ①
Chen Hongliang

内容摘要

广东省全面推动地方志事业转型升级，加快推进方志馆建设，全省方志馆建设取得新突破。省、市、县、镇四级方志馆不断发展壮大，数字方志馆同步推进，社会影响力逐步扩大。广东省方志馆完成省情馆布展并进行试运行，省情宣教平台开始运转，取得良好社会效益。地方文献采编工作加快推进，地方文献平台夯实地情服务基础。《广东民国年鉴丛编》编印发行，推动方志馆省情编研工作开展。《广东省地方志工作条例》颁布实施，进一步加强对方志馆建设的工作力度，推动方志馆的科学化、规范化建设，打造地方志公共文化服务基地。

关键词

方志馆建设　公共文化服务　基地

Abstract

Guangdong province comprehensively promotes the transformation and upgrading of local chronicles, and speeds up the construction of the local chronicles museum. Local chronicles museums at the level of provincial, municipal, county and township have been growing and expanding, and digital local records museum development have been pushing forward simultaneously, and the social influence has been gradually expanded. Guangdong completed the Provincial Information Hall Exhibition and the provincial information and education platform began to operate, and achieved good social results, speeding up the compilation of local documents, strengthening the local information platform serving the public. The compilation and publication of *the annals of the Republic of China in Guangdong* promoted the development of the provincial intelligence research work. *The Regulations on the Work of the Local Chronicles of Guangdong Province* has been promulgated and implemented to further strengthen the local chronicles museum work, to promote the scientific and standardized construction of the museum and to build a local cultural service base of local chronicles.

Key words

construction of local chronicles museum　public cultural service　base

① 陈宏亮，1976年生，广东台山人，广东省方志馆馆长，公共管理硕士。研究方向为文献管理。

近年来，广东省人民政府地方志办公室在广东省委、省政府的正确领导和中国地方志指导小组及其办公室的业务指导下，加大地方志工作立法力度，提升地方志工作人员能力，全面推动地方志事业转型升级，加快推进全省方志馆建设，省、市、县、镇四级方志馆不断发展壮大，社会影响力逐步扩大，收到良好社会效益。

一、《广东省地方志工作条例》奠定全省方志馆建设法治基础[①]

方志馆是地方志工作机构主管的公共文化服务设施，是地方志实施公共文化服务的重要阵地，是社会参与地方志工作的重要平台，是宣传推介地方形象的重要窗口，《广东省地方志工作条例》第二十二条，从法治高度明确了方志馆建设的要求、资金筹措渠道、建设原则、功能设置、服务规范、社会参与和数字方志馆等内容。该条例是全国第一部对方志馆建设做出系统具体规范的地方法规，赋予方志馆清晰的法律地位，使方志馆建设有了明确的法律依据。根据方志馆建设的实际和未来趋势，条例对省、市、县、乡镇建立方志馆作出规定，鼓励通过多元化的渠道筹集资金建立方志馆，明确了方志馆建设以人为本、立足地情、突出特色、服务社会的基本原则，确立方志馆应具备收藏保护、展览展示、编纂研究、专业咨询、信息服务、开发利用、宣传教育、业务培训、文化交流 9 项功能，突出地情展示、地情文献收藏与查阅、数字地情服务、地域文化研究交流。实体方志馆与数字方志馆共同构成方志馆公共文化服务体系。对加强方志馆服务作出规定，要求建立制度，完善条件，健全规范，免费向公众开放。作为公益性的公共文化设施，加强服务能力和水平是必然要求。鼓励通过各种方式和渠道丰富方志馆文献、音像资料、实物等馆藏，更好服务社会。《广东省地方志工作条例》奠定全省方志馆建设法治基础。

---

① 《广东省地方志工作条例》于 2018 年 5 月 31 日经广东省第十三届人民代表大会常务委员会第三次会议审议通过，从 2018 年 7 月 1 日开始实施。

二、全省方志馆建设取得新突破

截至 2018 年 5 月，广东全省已建、在建和已规划各级方志馆 56 个，服务功能不断拓展。已开放使用的方志馆中，广东、广州、深圳 3 个方志馆面积均超 1 万平方米，充分发挥引领示范作用。广东省方志馆是全国最早定位为融综合省情展示、公共文化功能于一体的省级方志馆，省情展览完成调整，现已开放试运行，接受参观。广州市地方志馆建成全国首批 6 个高校地方志分馆及全国首个 24 小时自助借阅的广州方志智慧图书馆室。深圳市方志馆举办深圳特区建设者家谱展和纪念香港回归 20 周年专题展览。7 个地市方志馆列入规划，多个县区进行方志室升级改造，东莞市的镇街方志馆数量增多，村史馆、方志驿站启动试点建设。“地情展示 + 地方文献服务”成为全省方志馆建设理念并付诸实施，得到社会广泛认可，社会认知度不断提升。

数字方志馆同步推进，形成实体方志馆与数字方志馆双轨并进发展态势。广东省在方志馆信息化建设方面起步较早、发展较快，实现与地情网并网建设，推动全省方志馆资源共建共享。广东在全国率先实现省、市、县三级地情网站全覆盖，建立地情网站 141 个；省情数据库数据量过 17 亿字，图片 7 万多幅，音像资料 330 多部；广东省情网访问量达 1.63 亿次，是全国同类网站访问量最多的网站之一；开通手机版广东省情网和“方志广东”微信公众号，全省开通手机地情网 2 个、微博 7 个、微信公众号 9 个、手机报 1 个。

三、广东省方志馆建设迈上新台阶

广东省方志馆位于广州市天河中央商务区（CBD）、广州高校区边上的广东社会科学中心，毗邻广东省档案馆。建筑面积 1.08 万平方米，其中展厅 3600 多平方米、书库 1700 多平方米、阅览室 400 多平方米，融综合省情展示、公共文化功能于一体，是中国社会科学院、中国地方志指导小组的国情调研基地和广东省关心下一代工作委员会青少年教育基地，是广东宣传爱国主义和开展省情教育的重要窗口。该馆着重突出“地情”“文化”两大主题，全力打造具有广东地域特色的省情馆和公共文化服务设施，通过开展广东省情展示与教育、地方文献收藏与服务、省情信息收集研究与发布等工作服务社会。

（一）广东省情馆布展工作基本完成，省情宣教平台开始运转

广东省情馆布展工作是广东省地方志办公室的重点工作。2017 年 11 月，省情馆布展建设基本完工，圆满完成了接待全国地方志信息化工作会议代表、全省地方志工作分管领导等参观任务。12 月，省情馆布展项目完成第三方结算评审，省情馆布展工作基本完成。2018 年 4 月，省情馆完成部分内容调整更新，5 月进入试运行阶段，接受机关团体单位参观，将全面向社会开放。① 广东省情馆共 4 层，展陈面积 3600 平方米，以广东省情为主题，展览内容分广东大观、岭南文化中心地、海洋文明重要发祥地、民主革命策源地、改革开放先行地、专题展览 6 大部分。采用传统与现代科技手段相结合的展览方法，展示全省自然、政治、经济、文化和社会的历史与现状，运用沙盘、模型、场景复制、实物、图文、声光电、多媒体等手段，生动展示广东省情概貌和广东作为岭南文化中心地、海洋文明重要发祥地、民主革命策源地和改革开放先行地的历史文化画卷，让观众在较短的时间内真切感受和了解广东的历史、现状和未来，全面掌握广东省情。广东省情馆成为了解广东的窗口与名片，是广东宣传爱国主义和开展省情教育的重要基地。

（二）广东省数字方志馆首期建设项目通过验收，线上数字平台助推方志资源共建共享

广东省数字方志馆建设项目于 2017 年年初启动，9 月完成第三方检测，专家验收会议通过验收。广东省数字方志馆首期建设主要包括网站、微信、手机版网站以及实体馆信息化服务设施建设，旨在方便公众进行资源查询、展厅在线浏览和个性化省情服务，实现“方志 + 平台 + 终端”的新型传播体系，让用户足不出户读志、用志、知省情，随时随地获取广东的地情文献资料。加大方志馆资源库建设力度，加强馆藏古籍、家谱文献的修复、扫描入库，购买《中国数字方志库》等资源，充实数字资源。根据“数字政府”建设新要求，广东省数字方志馆纳入广东省情网（www.gd-info.gov.cn）统

① 2018 年 5 月 15 日至 7 月 31 日，共接待团队 158 批次约 4500 多人次。

◎ 广东大观（黄建义摄）

一建设、统一管理，将发挥更大作用。

（三）广东地方文献采编工作加快推进，地方文献平台夯实地情服务基础

广东省方志馆设置广东文献阅览室、族谱阅览室，免费对读者开放并提供馆藏各类广东文献、族谱阅览、咨询服务。阅览室配有图书检索系统，提供在线阅览电子设备，方便读者使用《中国地方志数据库》和查阅馆藏文献目录及利用馆藏图书文献资料。广东省方志馆加快推进对地方志书、年鉴、家谱图书等地方文献的采编工作。通过购买、交换、接受捐赠等方式，着力搜集广东地情文献和家谱族谱。着重收藏各类志书、年鉴和地情图书，拓展收藏广东史料、粤人著作、粤侨资料、地契地图照片以及家谱族谱等。2017 年购买《清华大学图书馆藏稀见方志丛刊》《哈佛燕京图书馆藏稀见方志丛刊》《中国国家图书馆藏早期稀见家谱丛刊》等图书 2069 种 5664 册。加快新入库图书的编目加工，已录入图书馆管理系统供查阅图书 6.3 万册，其中族谱家谱 1.1 万册。包括全国各地的新、旧志书，各地各类年鉴，《历代广东方志集成》《广州大典》《清代稿钞本》《稀见地方志丛刊》等大型文献丛书，广东地情图书、各类工具书、报纸杂志及全国各地姓氏家谱、朝鲜家谱、港台地区家谱和《中华姓氏始迁族世系大典》《珍稀家谱丛刊》等。

（四）《广东民国年鉴丛编》编印发行，推动方志馆省情编研工作开展

2017 年 12 月，广东省方志馆完成《广东民国年鉴丛编》印刷出版工作，并赠送给各机关单位、各类图书馆、高校科研机构等。该书共 15 册，汇集民国时期（1912—1949）广东省编辑出版的各类年鉴，包括《广东年鉴（1941 年）》《广东商业年鉴（1931 年）》《商事年鉴（1934 年）》《广东经济年鉴（1940 年）》《广东经济年鉴续编（1941 年）》《广东省民政统计年鉴（1945 年）》6 种年鉴，反映了民国时期广东地理沿革、政治军事、文化教育、经济建设、社会民生等方面情况。《广东家训选编》完成第二次书稿评议，将于 2018 年下半年印刷出版。该书立足广东家谱文献，梳理介绍粤人治家、传家规训，旨在广泛深入搜集自古至今广东家训资料，发掘家训教育文化精髓，传承粤人治家理念，弘扬和践行社会主义核心价值观。

方志馆是地情资源宝库。广东在方志馆建设方面取得一定成绩，但也存在许多问题和困难：一是方志馆的规范化建设问题突出。各地方志馆在定位、设置、管理和

◎ 广东人精神丰碑（黄建义摄）

维护保养等方面都有不同的情况和做法，导致方志馆建设水平也参差不齐，没有独立机构、人员配备不足问题依然严重。《广东省地方志工作条例》施行后，将建立方志馆建设和管理的制度规范。二是受经费不足和地方文献分散特点的影响，方志馆收藏的地方文献资源匮乏，普遍存在数量少、品种单一问题，远远不能满足馆藏和广大读者查阅需要。

四、打造地方志公共文化服务基地

2018 年，广东省提出全省地方志事业转型升级要求，推动《广东省地方志工作条例》出台实施，按照中国地方志指导小组印发的《方志馆建设规定（试行）》，完善制度，进一步加强方志馆建设工作力度，积极推动方志馆的科学化、规范化建设，打造地方志公共文化服务基地。

（一）推进方志馆建设扩面提质

推进《广东省地方志工作条例》执法检查，确保条例的施行落实。推动全省各地依法建立、建设方志馆。强化方志馆是收藏研究、开发利用地方志资源，宣传展示地情的公共文化服务机构的功能定位。加强对已建、在建和已规划的各级方志馆的指导，督促推动未启动方志馆建设的地区启动建设。完备方志馆功能设置，加强收藏保护、展览展示、编纂研究、专业咨询、信息服务、开发利用、宣传教育、业务培训、文化交流等功能落实。提升已开放方志馆的服务质量，牢固树立服务意识，强化能力建设，提高服务水平。鼓励有条件的镇村建设方志馆，推广方志驿站试点工作。

（二）做好地情宣传教育工作

完善方志馆省情、地情展览，打造地情宣传教育窗口。开办各类专题地情展览、讲座、论坛、学术沙龙、专题开放日等活动。会同社会各界，开展生动活泼的爱国主义教育和省情、地情教育，加大地情宣传，服务经济社会发展，逐步扩大方志馆利用率和影响力。打造爱国主义教育基地、科普教育基地、关心下一代教育活动基地、教学活动基地等各个基地建设，让方志馆真正走向社会。

（三）充实方志馆地情文献资源

通过购买或接受捐赠等各种渠道加大广东地方文献、地情资料征收力度，建立健全全省地方志系统地方文献呈缴制度，鼓励社会力量通过捐赠地情展览物品、图书文献或赞助活动等形式参与方志馆建设，提高馆藏资源的数量和质量，打造广东地方文献中心。广泛收集、展示各种家谱族谱文献并开展研究，建立广东家谱中心。

（四）加强数字方志馆共建共享

建设完善数字方志馆，实现馆藏文献数字化，地情资料在线阅读，网络移动视听，大力提升地方志公共服务水平。深入开展“互联网＋地方志”行动，切实办好网上方志馆，打造广东省地情信息数据平台。建设“方志＋平台＋终端”的新型传播体系，充分发挥微信、微博等新媒体的作用。发挥数字方志馆优势，打造满足社会群众读志、用志、知省情的网上网下窗口，更大范围最佳效果地服务社会。

（五）拓展社会广泛参与方志馆建设途径

《广东省地方志工作条例》第二十二条第二款“鼓励通过多元化的渠道筹集资金建立方志馆”，第五款“鼓励公民、法人或者其他组织向方志馆捐赠文献、音像资料、实物等”，对公民广泛参与方志馆做出明确规定。此外，在志愿者服务、社会参与方志馆建设与服务利用上，充分发挥社会能动性。方志馆可借鉴博物馆、图书馆、文化馆、纪念馆社会参与模式，加快方志馆建设步伐。社会力量可通过合作共建、购买服务、主题活动、社会捐赠、志愿服务等多种形式参与方志馆建设，丰富方志馆建设实践探索，提高服务效能，扩大社会影响力。

（六）加大方志馆保障体系建设

完善方志馆各项管理制度，把准方志馆定位，谋划方志馆事业发展。结合实际，完善地情展示、图书文献管理、咨询服务、队伍建设等各项规章制度，规范方志馆各项工作流程及管理。落实方志人才建设工程，加强人才队伍建设。通过学习、调研、培训、交流等方式不断拓宽方志馆工作人员的工作思路和提高工作人员综合素质，规范职务、职称、工资管理，激发方志馆干部职工积极性。

The New Practice of the Construction of Local Chronicles Museum in Deep Poverty Areas

深度贫困地区方志馆建设的新实践

柯晓明[①]
Ke Xiaoming

内容摘要

随着《全国地方志事业发展规划纲要》的颁布实施，建设方志馆成为各级地方志工作机构需要完成的一项新任务和新课题。安康市地方志办公室通过与地方高校和其他文化机构合作，探索出一条在贫困山区尽快实现方志馆建设的“馆中馆”和“方志馆+”的新模式，实现了文献资源整理开发、地情资料有效展示、馆藏资源有效利用的融合发展。

关键词

方志馆　建馆模式　布局　馆藏

Abstract

With the promulgation and implementation of *Outline of China's national policy for chorography*, building local chronicles museum has become a new task and a new subject for local chorography working institutions at various levels. Through cooperation with local universities and other cultural institutions, Office of local chorography of Ankang has explored a new model — “museum-within-a-museum” and “local chronicles museum+” to build local chronicles museum as soon as possible in poor mountainous district, finally achieved integrative development between exploiting document resources and renovating use of it, fully display of local chronicles and geographical informations, and realized effective utilization of library resources.

Key words

local chronicles museum　building model　layout　library resources

① 柯晓明，1963年生，陕西宁陕人，高级教师，大学学历。安康市地方志办公室党组书记、主任。

中共十八大以来，全国地方志事业掀起了新的发展高潮。方志馆建设作为地方志事业发展的重要内容，得到了各级党委、政府的重视与支持，各级地方志工作机构抓住机遇，努力推进方志馆建设迅速发展。而在深度贫困地区，面对艰巨的脱贫攻坚任务，要不要建方志馆？建成怎样的方志馆？如何建设方志馆？成为必须正确面对、深入思考和亟待解决的问题。本文以属于深度贫困地区的安康市在方志馆建馆模式方面的创新实践为例，对上述问题加以探讨，旨在为贫困地区方志馆建设工作提供新的思路和借鉴。

一、深度贫困地区方志馆建设要充分尊重地情

任何地区建设方志馆都应当遵守实事求是、因地制宜的基本原则。尤其是深度贫困地区，更要以充分尊重地情为前提。以安康市为例：

安康市属于秦巴山区连片贫困区的核心区域，全市 10 个县区均属于贫困县，4 个县区属于深度贫困县区，168 个村为深度贫困村。2016 年年底，全市建档立卡贫困户 18.04 万户 51.35 万人，贫困人口占全省的 22.45%，居全省第一；贫困发生率 20.00%，居全省第二。像这样的深度贫困地区需不需要建设方志馆？回答是肯定的。

第一，安康地方志亟待收藏。安康自明朝万历年间至新中国成立，共编修州、府、县（区）志书约 50 余部，新中国成立后第一轮新编市（区）县志及专业志书约 100 余部，正在进行的二轮修志处于成果出版期。这些志书全面记载了安康上自夏商、下至当代的社会变迁和文明发展历程，是认识安康、建设安康的重要蓝本。在安康发展历程中还产生了大量的地方文献，从不同侧面记录了安康政治、经济、社会、文化、生态的历史变迁和人文成果，是安康文化的重要内容，是安康人民的智慧结晶。但由于缺乏专门的藏馆，大量古旧地方志书和地方文献资料几无可见，新的志鉴及文化成果不断散失，建设方志馆是守护与传承安康文脉的现实需求。

第二，方志馆在服务安康地方志经济发展建设中的作用不容小觑。2011 年 10 月，中国社会科学院原副院长、中国地方志指导小组原常务副组长朱佳木在杭州方志馆设计方案论证会上指出："对方志馆应重新认识、重新定位，就是说，要在方志馆

定义上创新。凡有条件建方志馆的地方，首先要把它建成地情馆、国情馆，利用方志馆对广大群众尤其是青少年学生进行地情教育、国情教育、爱国主义教育。”可见，方志馆应该是展示一个地区自然与社会、政治与经济、文化与风俗的重要平台，是外来人了解一个地区的首选之地，是对青少年进行地情教育、国情教育的重要基地。对于安康市这样正在努力扩大招商引资，加大改革开放力度，极力摆脱贫困面貌，着力提升人民生活品质的地区来说，方志馆建设非常重要。一方面，方志馆中的各类文献及资料是决策者的资政宝库；另一方面，方志馆也是全面展示安康的新窗口；同时，还是激发内生动力，坚定发展信念的地情教育基地。

但要想在深度贫困地区建成方志馆存在很多困难，需要在建馆的时候立足地情，解放思想，走一条适合自己的方志馆建设之路。

就安康市而言，一方面，市委、市政府新的发展理念引导当地方志馆建设实现了思路创新。时逢安康市委出台了大力发展“飞地经济”的指导意见，“飞地”为安康方志馆建设指明了方向，提供了新的发展思路，那就是通过整合资源，建立合作机制，把方志馆建到高校去，实现互利共赢的创新发展。

◎ 安康方志馆序厅

另一方面，安康市地方志办公室拥有理想合作伙伴。安康学院作为安康唯一的地方本科院校，一直将特色办学作为办学理念，将服务地方经济发展作为基本任务之一。该院图书馆在办馆方向上也以特色办馆为目标，不仅成功建成了陈少默纪念馆，还将安康地域文献馆的建设作为新建本科院校图书馆建设的重要课题加以研究，列为新的发展方向。由安康学院承建的陕南民间文化研究中心已被省教育厅批准为陕西省（高校）哲学社会科学重点研究基地，对地方文献的收集和利用有着必然的需求；且长期以来，与安康市地方志办公室合作创办了《安康文化》期刊，已形成了独具特色的地域文化研究格局，建立了良好的合作基础。建设安康方志馆，既有利于进一步加强陕南民间文化研究中心的基地建设，又能为安康学院图书馆建成一个特色鲜明的“馆中馆”。因此，只要将安康方志馆与安康学院图书馆的特色馆建设结合起来，建成“馆中馆”或“方志馆 +”，就可以走出当地文化基础设施建设的一条创新之路。

基于以上情况，2013 年，安康市地方志办公室、安康学院陕南民间文化研究中心、安康学院图书馆、汉滨区档案史志局合作建成了陕西省首个市级方志馆——安康方志馆。馆址位于人员相对集中、交通便利、市政配套设施良好的主城区文教中心，依托安康学院图书馆，符合安全与环保等要求，是安康市干部教育培训基地所在地。馆内设收藏保护、展览展示、编纂研究、学术交流、信息技术、公共服务、行政办公区等主要区域。基本模式为“馆中馆”（高校图书馆中的方志馆）或“方志馆 + 图书馆”（方志馆功能的多样化）。安康方志馆的建设实现了地方志办公室与高校、其他文化机构的有机合作，走出了一条深度贫困地区充分利用现有文化设施合作建设方志馆的融合发展之路。

二、“馆中馆”“方志馆 +”建馆模式在贫困地区方志馆建设中的作用

大多数贫困地区在建设方志馆的过程中，都会遇到经费短缺、场地受限、馆藏不足、人才匮乏等诸多问题。而“馆中馆”“方志馆 +”模式能够在较短时间内有效解决以上问题。以安康方志馆为例：

第一，能快速解决“有馆”问题。安康地处贫困山区，脱贫攻坚任务艰巨，公共文化“补短板”也需要大量投入，建设专业新方志馆尚待时日。2013年，安康市区有公共图书馆3个、档案馆2个、博物馆1个、城市建设展览馆1个，还有在建的博物馆、图书馆各1个，安康学院新校区图书馆也在规划建设中。在这样的情况下要求政府投资数千万元启动专业方志馆项目时机尚不成熟，申请独立“建馆”无法在短时间内解决现实需求。而与安康市地方志办公室有着长期合作的安康学院，对合作建馆有内在需求和基础条件。合作建设安康方志馆，既丰富了学院图书馆特色馆藏，又加强了地情文献研究方面的学术力量，还拓展了文化和学术功能。安康学院图书馆现有的基础设施也能很好地满足方志馆的建馆需要，具备在相对较短的时间内建成“方志馆”的条件。

第二，能有效解决“有藏”问题。就全国而言，由于方志馆建设处于起步阶段，已建成的方志馆“无志可藏、藏而不全、有馆无名、名不副实”的情况客观存在，方志馆类同于展览馆、图书馆、资料室现象较为普遍。安康市地方志办公室和汉滨区档案史志局的现有馆藏资源经过整合仍较为有限，而安康学院图书馆、陕南民间文化研究中心保存的地方文献资源十分丰富，整合保存后既丰富了收藏，又完善了门类，理清了地方志和地情文献的家底，为后续建设专业方志馆打下了坚实基础。完成二期工程的安康方志馆馆藏了基本齐全的陕西省三级一轮志书、已出版的二轮志书、省市县年鉴、历代旧志集成、地情书籍，数量和全面性居全市之首，部分大型专业志书、文史丛书居全省前列。安康方志馆馆藏的地方志和文史地情资料书籍共计25000余册，其中近半是安康学院图书馆的原有馆藏。

第三，能很好解决“有人”问题。由于人才的匮乏，安康历代地方志书和地方文献绝大多数没有进行整理。方志馆在建设初期的首要任务还是整理挖掘，然后才能展览利用。如果前期不做好地方志资料的调查摸底、收集整理和再版重印，忽视管理和人才队伍准备，势必造成被动局面。在尚不具备建设专业方志馆的情况下，通过与高校合作，先期建设“馆中馆”或“方志馆+”的普及形式，可以充分利用高校现有人才资源，整理、完善地方文献资料。安康市通过合作建设方志馆的模式，团结聚集了一大批安康市和省内外的文化精英，为有志于开展地情文化研究的专业人才提供了资源宝库和便利空间，以开展各类特色地情文化研究。通过各方合作，安康方志馆已经完成了清嘉庆《安康县志》、清乾隆《平利县志》、清光绪《平利县志》校注和《中国汉调二黄研究》《安康方言调查研究》等一批地情研究专著的编纂出版工作，安康历代志书30余部得到有效保护，4部手稿已进行数字化处理和复制。安康地方志文献资料的开发利用步伐得以加快，方志馆也成为凝聚和培养专业地情研究人才队伍的大本营。

从整体上看，安康方志馆的建馆模式高度契合了“创新、协调、开放、绿色、共享”的发展理念。“馆中馆”或“方志馆+”模式在建设思路、体制机制、开发利用等多方面实现了创新；为高校与地方、地方志机构与其他文化单位在共同建设地方志和地方文化事业方面奠定了协调发展基础，实现了地方志内部各项工作的协调发展；打开了地方志的“地方”之门，揭开了“志”的神秘面纱，改变了“孤家寡人”“孤陋寡闻”“孤芳自赏”的自我封闭局面，走向了面向社会、面向世界的开放发展的宽广舞台；实现了文化设施资源的集约利用，是地方志事业发展的绿色之路；方志资源走进校园、公共图书馆等公共文化教育单位，为人民群众共享地方志事业发展成果提供了更加便捷的途径。正因为如此，安康方志馆采取的“馆中馆”或“方志馆+”建设模式取得了较好的实际效果。2017年10月，陕西省方志馆建设现场会在安康市召开，其建设模式受到全省地方志系统肯定。2017年，安康方志馆获中国地方志指导小组通报表彰。2018年，安康市在全国首届方志馆建设经验交流会做交流发言，受到与会代表的好评。

三、“馆中馆”“方志馆+”建馆模式需通过合理布局实现功能多样化

在方志馆建设过程中，特别是在已有场地上合作建设的方志馆，一定要围绕其功能定位，统筹调配各类资源，在空间和内容上进行合理布局，才能在具体运用中有效发挥其各项作用，实现功能多样化。仍以安康方志馆为例：

安康方志馆的功能定位为“四中心，两平台，一基地”，即陕南民间文化研究中心，安康地方志和地方文献收藏展示中心，安康地情信息咨询中心，安康地方志学术研究和对外交流中心；安康地方文化传承与宣传平台，安康地情研究服务平台；爱祖

◎ 安康方志馆文化宣介长廊

国、爱安康、爱岗位的教育基地。集地方志和地情资料的搜集、整理、收藏、阅览、编纂、研究、咨询、展示、交流于一体，具有开放式、服务性、公众化的特点。

围绕这些功能定位，安康方志馆将安康市地方志办公室和汉滨区档案史志局的现有馆藏资源整合进图书馆，与陕南民间文化研究中心的文史资料、图书馆所藏的地方文献资料和文史工具书一起构成安康方志馆的基本馆藏。同时，利用安康学院图书馆现有馆室，在不足 2000 平方米的场地上开辟出方志馆的馆室空间，对方志馆内布局进行了精心设置。依托安康地情网、安康学院图书馆网建设方志数据库和检索利用平台，将安康方志馆建设成为既有丰富的地方文献资源，又兼具地情展览功能；既藏有大量的纸质资源，又充分实现了馆藏资源电子化；既开展方志资源整理研究，又公开服务社会公众的新型多功能方志馆。

安康方志馆空间布局为“两廊、三厅、五馆、四个配套用房”。“两廊”即地情宣介长廊和方志文化长廊。以现有走廊为基础，宣传介绍安康市县（区）情、安康方志文化、安康地域文化、“非遗”保护等，展现形式以展板为主。“三厅”即序厅、图说安康厅、安康籍先贤画像厅。通过挂图、画像、实物展柜等形式概述安康发展脉络、重要资源分布，展示十县（区）新旧地方志成果、地情资料书籍及文献，开辟投射对先贤之敬仰的现实空间。“五馆”即文史资料馆、志书馆、年鉴馆、家谱家训馆、四库全书馆。另有陕南民间文化研究中心办公室（《安康文化》编辑部）、方志馆办公室（旧志整理中心）、会议室（学术研讨会议室）、报告厅（干部培训和学术报告厅）四个配套用房。

安康方志馆的内容布局为“两展、两库、两网、两片”。“两展”即市情主题展和地域文化专题展。市情主题展是利用廊、厅、室布局的市情固定展览。地域文化专题展览是不固定的单一主题展览，如《安康民俗展》《安康民间美术图展》等。“两库”即地方文献资料库和地方文献数据库（安康数字方志馆）。地方文献资料库收藏地方志书和地方文献实物，是纸质和实物库；地方文献数据库是地方文献资料的数字化信息库，是“数字方志馆”。“两网”即安康市地情网、安康学院图书馆网。安康市地情网搭建网上方志馆平台，实现方志资源共享。安康学院图书馆网搭建方志资料快速、准确的检索平台，实现方志资料检索、借阅、使用的便利化。“两片”即安康史话专题片、安康影像资料片。安康史话专题片以安康大事记为主线，纵述安康历史，突出各阶段重要事件，动态展示安康发展的历史进程。安康影像资料片集成安康老纪录片、重大事件和活动影像资料、城乡面貌和人民生活变迁记录的影像资料，以此为基础建设以多媒体展示为主的“安康影像馆”及网络平台。

四、实现馆藏资源的有效利用才能真正发挥方志馆作用

地方方志馆的作用不仅仅是用于保存地方文献资源，更重要的是要实现馆藏资源的合理利用，成为研究地方、了解地方、展示地方的重要平台。为实现这一目标，方志馆建设在重视设施建设和丰富馆藏的同时，应当不断尝试各种形式和途径，努力推动馆藏资源的合理利用。安康方志馆在这一方面也做出了探索实践。

第一，综合利用馆藏，让方志馆逐步成为宣介地方的新名片。在方志馆的建设过程中，安康市地方志工作机构贯彻落实中共十八大精神和《地方志工作条例》，以

"存史、资政、传承、化育"为宗旨，按照"一次规划，分步实施；整合资源，集中收藏；藏展并重，研用结合；合作建设，成果共享"的原则，充分发挥地方志文献和地情资料的作用，为安康地域文化研究者服务，为市情教育服务，为安康的经济、政治、文化、社会和生态文明建设服务。自 2014 年 2 月开馆至 2017 年年底，安康方志馆接待市内外团体参访 30 余次，接待单位专题教育活动 20 余次，接待个人 20000 余人次。通过将馆内纸质资料与各类展板、挂图、专题展、画像、照片、视频资料进行综合展示和宣传推介，安康方志馆正在成为人们研究安康、了解安康、展示安康的新平台。2017 年，安康市地方志办公室干部胡阳在全国首届方志馆讲解员大赛上获得"全国优秀方志馆讲解员"称号。

第二，整理挖掘馆藏，让方志馆成为发挥地方志文献资料存史、资政作用的稳固阵地。通过整理开发方志馆馆藏地方文献资源，安康市地方志工作机构扎实推进了旧志整理工程，抢救保护了一批安康珍贵历史文献；充分运用馆藏地情资料进一步提升了自主创办品牌刊物《安康文化》的办刊水平；先后组织编纂《安康民间美术调查》《中国汉调二黄研究》《安康民俗研究》《安康民间文学选辑》《安康方言调查研究》等 10 余种地情书籍（专著），很好地发挥了保护传承地方特色文化的作用；通过收集整理优秀传统家训，编辑出版《安康优秀传统家训注译》，刊发家谱家训家规研究文章，制作家谱电子光盘 57 部，建立家谱家训馆，积极助推好家风建设和城乡新民风建设；现有馆藏资料，为安康市政府办主办、安康市地方志办公室承办的市级史鉴性人物期刊《安康英才》提供了丰富素材，支持了安康人才发展战略；同时，馆藏的地方志书、年鉴、地情书籍、优秀家谱家规的数字化资料为推进地方志信息化建设，全面开展"方志进万家"工作做好了准备。总的来说，方志馆的建立和对馆藏资源的整理挖掘，使安康在旧志整理、地情文化研究、地方志文献数字化等方面保持了良好的发展势头，也很好地发挥了地方志文献存史、资政作用。

第三，灵活运用馆藏，让方志馆成为生动的育人基地。通过加强地校合作，安康方志馆充分实现了方志资料的育人功能。方志馆丰富的馆藏为陕南民间文化研究中心研究团队提供了更加全面、准确、便捷的文献支撑，馆内日趋完善的功能建设成果为全校师生提供更专业的地域文化教育场所。安康学院文学与传媒学院将安康方志馆列为教学基地，将地方志校注作为汉语言文学专业学生课外作业和课堂实训内容，拟

◎ 安康方志馆志书馆

将地方志文献研究作为汉语言文学专业选修课并进行方志课程和专业方向的探讨。这一系列成果都拓宽了方志馆资源利用的新途径。利用馆藏资料开展的地情展览，深受广大群众喜爱，很好地发挥了育人功能。

五、“馆中馆”“方志馆 +”建馆模式具备一定推广基础

2015 年，《全国地方志事业发展规划纲要（2015—2020 年）》提出加快地方志信息化和方志馆建设，是继国务院《地方志工作条例》颁布之后，正式将方志馆建设列入发展规划。对于地方志系统来说，方志馆建设属于一项新课题，各级方志馆建设与发展进入一种“自发探索”状态。虽然 2017 年 6 月，中国地方志指导小组印发了《方志馆建设规定（试行）》，并开展了一系列培训和研讨，但我国幅员辽阔，各地经济发展水平不一，采用什么形式、建设怎样规模的方志馆、如何较快实现方志馆建设目标，应该存在不同的实现路径。各地先行建设方志馆的实践探索和思考，对于制定方志馆建设的统一标准和指导方针具有积极的借鉴意义。《方志馆建设规定（试行）》“第七条：方志馆一般应独立建设。确需与其他设施合建的，应自成体系，相对

独立”，肯定了像安康方志馆这样的创新建馆模式。

当前，全国西部省市大多数县区均是档案、党史、地方志“三合一”的设置，相当一部分地方志资料作为档案已被档案馆收集，党史资料又是重要的地方志资料，档案馆、党史馆、方志馆“三馆合一”既便于资料征集，也有利于管理，更方便利用。在此模式下，利用图书馆、档案馆、博物馆等公共文化设施建设方志馆（室），实现“方志馆+”，推动方志馆建设大有可为，具有很强的复制性和推广价值。实际上，在安康方志馆建设模式的启发下，安康市汉滨区档案史志局、石泉县档案史志局已经运用“三合一”优势，分别建成区、县方志馆，并取得了较好的效果。

当然，安康在方志馆建设方面取得的成效是以一定背景原因为支撑的，其在建设模式方面做出的新探索和新思考尚处于起步阶段，一些规划设想还在逐步推进，诸如合作建设中“国有资产管理、财政资金管理”等一些体制机制的难题尚在破解之中。因此，在建设方志馆的实践过程中，各地还须以中共十九大精神为指导，以坚定文化自信推动社会主义文化繁荣为己任，以贯彻落实《全国地方志事业发展规划纲要（2015—2020年）》《方志馆建设规定（试行）》为契机，结合地情，创新思路，大胆实践，探索运用适当的建馆模式，加快推进各级方志馆建设，努力实现地方志事业的全面发展。

Public-Private-Partnership——Building a New Mode for the Construction of Local Chronicles Museum

政府与企业合作 打造方志馆建设新模式

高景全 ①
Gao Jingquan

内容摘要

方志馆是收藏研究、开发利用地方志资源，宣传展示国情、地情的公共文化服务机构。香河县方志馆采用 PPP 模式，立足县情，大胆创新，把功能定位于地情研究和方志文化的传承与发展，由展厅、地情资料库、资料阅览室、会议室四部分组成，展陈设置运用大量科技手段，实现了“体验式”“情景式”参观模式。

关键词

方志馆 PPP 模式 定位 功能 展陈

Abstract

Local chronicles museum is a public cultural service organization of collecting, researching, developing and utilizing local chronicles resources, and publicizing and displaying national and local chorography information. The local chronicles museum of Xianghe county adopts PPP (Public-Private-Partnership) mode, based on the county situation, makes bold innovation, and locates its function in the research of local chorography information and the inheritance and development of local chronicles culture. Local chronicles museum of Xianghe county consists of four parts: exhibition hall, local information database, data reading room and conference room. The exhitition and display of the local chronicles museum has realized the “experiential” and “situational” design with a lot of scientific and technological methods.

Key words

local chronicles museum PPP mode location function exhibition and display

① 高景全，1963 年生，河北香河人，大学本科，香河县地方志编纂委员会办公室主任。

方志馆是收藏研究、开发利用地方志资源，宣传展示国情、地情的公共文化服务机构。近年来，方志馆事业随着全国经济、文化建设的新形势，以及地方志事业的不断繁荣而迅捷发展。据中国地方志指导小组办公室统计，截至2018年7月，全国已经建成各级方志馆590余家。方志馆的迅猛发展从一定层面说明，方志馆建设是时代的需要，是社会自身发展的需要。本文将从PPP模式的产生与发展，香河县方志馆的建设模式，香河县方志馆的办馆理念和功能定位，以及香河县方志馆的自身风格4个方面作一介绍，其目的就是为了拓宽方志馆建设渠道，加快方志馆建设步伐。

一、PPP模式的产生与发展

PPP是Public-Private-Partnership的缩写，指政府Public与私人Private之间，基于提供产品和服务出发点，达成特许权协议，形成“利益共享、风险共担、全程合作”伙伴合作关系。其优势在于使合作各方达到比单独行动预期更为有利的结果：政府的财政支出更少，企业的投资风险更低。

1995年，PPP模式被世界银行及亚洲开发银行作为一种新兴的项目融资方式引入中国，与中国政府当时对外商投资的急切需求不谋而合。从1995年开始，在国家计委的主导之下，广西来宾B电厂、成都自来水六厂及长沙电厂等几个BOT试点项目相继开展。这些项目虽然不是PPP模式与中国的第一次亲密接触，而且未竟全功，但因其规格之高、规模之大、影响之广而在中国式PPP发展史上留下了浓墨重彩的一笔。之后，PPP模式在中国迅速形成发展浪潮。2004年，建设部一马当先，颁布并实施了《市政公用事业特许经营管理办法》（以下称“126号令”），将特许经营的概念正式引入市政公用事业，并在城市供水、污水处理及燃气供应等领域发起大规模的项目实践。各级地方政府也纷纷以126号令为模板，先后出台了大量地方性法规、政府规章及政策性文件，用于引导和规范各自行政辖区范围以内的特许经营项目开发。计划发展部门不再是PPP模式应用的唯一牵头方或主导方，包括建设、交通、环境保护、国有资产等行业主管部门，以及地方政府在内的各路人马纷纷披挂上阵。无论黑猫白猫，只要能够顺利捕获“社会资本”这只精灵鼠，似乎就是好猫。中国的PPP项目虽然不再一味偏爱境外资本，但其单一的筹资导向并无实质性转变。

2014 年开始，PPP 模式在中国开始进入规范化阶段，作为中共十八大确定的落实“允许社会资本通过特许经营等方式参与城市基础设施投资和运营”改革举措的第一责任人，财政部从 2013 年年底即已展开对 PPP 模式推广工作的全面部署。2014 年 3 月，财政部副部长王保安在政府和社会资本合作（PPP）培训班上发表讲话，对推广 PPP 模式的原因、任务和方式予以系统阐述，并提出要从组织、立法和项目试点 3 个层面大力推广 PPP 模式。5 月，财政部政府和社会资本合作（PPP）工作领导小组正式设立。9 月 24 日，财政部发文《关于推广运用政府和社会资本合作模式有关问题的通知》，提出拓宽城镇化建设融资渠道，促进政府职能加快转变，完善财政投入及管理方式，尽快形成有利于促进政府和社会资本合作模式发展的制度体系。11 月 26 日，国务院发文《关于创新重点领域投融资机制鼓励社会投资的指导意见》，提出实行统一市场准入，创造平等投资机会；创新投资运营机制，扩大社会资本投资途径；优化政府投资使用方向和方式，发挥引导带动作用；创新融资方式，拓宽融资渠道；完善价格形成机制，发挥价格杠杆作用。11 月 29 日，财政部发文《关于印发〈政府和社会资本合作模式操作指南（试行）〉的通知》，规范项目识别、准备、采购、执行、移交各环节操作流程。12 月 2 日，国家发展改革委发文《关于开展政府和社会资本合作的指导意见》，鼓励和引导社会投资，增强公共产品供给能力，促进调结构、补短板、惠民生。国家发展改革委投资司委托中国国际工程咨询有限公司研究中心起草《政府和社会资本合作项目通用合同指南（2014 版）》，用于规范和引导政府和社会资本合作（PPP）项目合同编写工作的专业指南。

2015 年 3 月 5 日，国务院总理李克强作政府工作报告，提出要在基础设施等领域积极推广 PPP 模式；财政部年度预算报告，提出要开展 PPP 示范项目建设，释放社会投资潜力。3 月 17 日，国家发展改革委和国家开发银行联合发文《关于推进开发性金融支持政府和社会资本合作有关工作的通知》，灵活运用基金投资、银行贷款、发行债券等各类金融工具，推进建立多元化、可持续的 PPP 项目资金保障机制。4 月 21 日，国家发展和改革委员会、财政部、住房和城乡建设部、交通运输部、水利部、中国人民银行联合发文《基础设施和公用事业特许经营管理办法》，鼓励和引导社会资本参与基础设施和公用事业建设运营，提高公共服务质量和效率，保护特许经营者合法权益。5 月 8 日，国务院批转国家发展改革委关于 2015 年深化经济体制改革重点工作意见的通知，提出积极推广政府和社会资本合作（PPP）模式，出台基础设施和公用事业特许经营办法，充分激发社会投资活力。

为什么 PPP 相关政策密集出台？ PPP 模式的意义何在？政府和社会资本合作模式是在基础设施及公共服务领域建立的一种长期合作关系。通常模式是由社会资本承担设计、建设、运营、维护基础设施的大部分工作，并通过“使用者付费”及必要的“政府付费”获得合理投资回报；政府部门负责基础设施及公共服务价格和质量监管，以保证公共利益最大化。当前，我国正在实施新型城镇化发展战略。城镇化是现代化的要求，也是稳增长、促改革、调结构、惠民生的重要抓手。立足国内实践，借鉴国际成功经验，推广运用政府和社会资本合作模式，是国家确定的重大经济改革任务，对于加快新型城镇化建设、提升国家治理能力、构建现代财政制度具有重要意义。

二、香河县方志馆建设模式

在香河县方志馆建设过程中，笔者先后去过秦皇岛、杭州、余杭等地方志馆学习，感受到这些方志馆大都秉承了“寻城市之根、触文化之脉、探兴替之路、赏风物之韵、存乡愁记忆、图继往开来”的办馆理念，但这些方志馆的建立都有一个共同之处，那就是利用当地现有的的文物保护建筑，并与当地旅游相结合。比如，秦皇岛方志馆坐落于山海关古城东大街八号山西会馆旧址内；杭州市方志馆建在胡雪岩故居北门正对面，据说是胡雪岩一个管家的故居；余杭方志馆，选址于塘栖的古运河畔水北街西端的两幢明清风格古宅。这些方志馆的建设都与地方特色相融合，方志文化与旅游观光相融合，让人耳目一新。但香河没有这些古建筑，旅游资源相比之下较为匮乏。香河县方志馆该如何建设？县委、县政府一班人勇于创新，敢于探索，闯出了一条适合县情的建设之路——政府与企业合作。

香河县在城镇化建设中引入华夏幸福基业股份有限公司参与城市建设。该公司成立于 1998 年，是中国领先的产业新城运营商。公司以“产业高度聚集、城市功能完善、生态环境优美”的产业新城、“产业鲜明、绿色生态、美丽宜居”的产业小镇为核心产品，通过创新升级“政府主导、企业运作、合作共赢”的PPP市场化运作模式，接受合作区域政府的委托，在规划设计、土地整理、基础设施建设、公共配套建设、产业发展、城市运营六大领域，为区域提供可持续发展的全流程综合解决方案。

◎ 香河县方志馆

香河县委、县政府依据县情，审时度势，高起点，高站位，大胆与华夏幸福基业股份有限公司合作，由华夏公司出资建设香河县文化艺术中心（内设方志馆）。香河县方志馆设在文化艺术中心。项目占地约3.33公顷，总建筑面积3万平方米，建筑高度35米，局面地下一层，局部地上五层。2015年开工建设，2017年4月28日正式对外开放。中心由北京多维度建筑咨询有限公司（DnA）进行规划设计，以荷花为主体，新颖独特，简洁大方，功能完善，设计精良，内设艺术展示、文化交流、体育活动等功能展区，其中含有方志馆、文博馆、多功能展厅、老年活动中心、剧场、电影院、图书馆、乒羽中心等主题空间，是一个涵盖城市公共文化生活、体育休闲、公共服务、地情资料展示的多功能的精神文化地标性建筑，对于完善城市功能有很好的典型示范作用。

三、香河县方志馆办馆理念和功能定位

方志馆作为地方志事业的重要组成部分，对其定位，应该立足于地情研究，立足于方志文化传承，从社会主义文化建设的高度加以认识。第四届中国地方志指导小组常务副组长朱佳木指出：“方志馆除了有收藏和展示志书，集中保存和统一管理修志过程中形成的文字资料、图表、照片、音像资料、实物及文稿等各种功能外，更为

重要的功能乃是利用地方志工作的独特优势，对广大群众特别是青少年进行国情、地情和爱国主义教育。因此，从一定意义上可以说，方志馆也就是地情馆、国情馆，是重要的爱国主义教育基地。”香河的办馆理念和功能定位秉承了这一理念。其办馆理念定位为“集中反映香河县县情的公益性基础文化设施，是全面展示县域文化、自然状况、历史沿革、社会风貌和地方特色的载体，是开展地方史志资料研究与学术交流、推动地方志资源开发利用的平台。担负着收藏保护、展览展示、编研、咨询、宣传教育、文化交流等诸多功能。通过开展地方文献的收藏、编研、展示、交流等活动，发掘和培育不同地域人文精神，为建设和谐社会发挥历史文化凝聚力量，同时，在对外交流辐射中扩大影响，成为香河县地域文化传承与现状的最佳契合点”，“方志馆将成为香河历史、县情展示中心；香河方志文献保存、阅览、研究、咨询中心；香河县县情教育基地、爱国主义教育基地”。建馆之初，香河就秉着不要为了建馆而建馆，建完就没事了，就完成任务了的建馆理念，方志馆建成后要让它“活起来”，不要成为一个“死馆”，要让方志馆真正体现出它的社会价值，要成为对中小学生进行爱国主义教育的课堂，成为社会各界快速、宏观、形象地了解一个地方的文化平台。2017 年 4 月香河县方志馆开馆以来，已先后接待省内参观 10 批次，接待本县城内中小学生 30 批次，参观学生人数近 3 万人。除周二闭馆休整外，每天接纳参观游客 200 ～ 500 人，用实际行动诠释了香河县方志馆的办馆理念。

◎ 香河县方志馆展厅

四、香河县方志馆展陈设置

香河县方志馆设在县文化艺术中心内，由展厅、地情资料库、资料阅览室、会议室4个部分组成。香河县方志馆通过组织专家团队深入挖掘，整理香河史料，并运用大量科技手段与创新设置，实现了“体验式”“情景式”参观模式。馆内用荷叶、芦苇等植物置景进行装点，再运用场景复原，实现移步换景。同时，展厅配有专业讲解人员，为参观人员细致讲解。展厅面积为1272平方米，一层为香河历史展，以“香河流韵·潮汇京津”为主题，聚焦于香河历史沿革和文明遗址，分为“香河之源”“运河金波”“古城大观”“近代风云”4个篇章，展示了香河多件文物。同时运用多媒体影音技术，还原出亦幻亦真的古香河。二层为香河文化展，以“富美于斯·历久弥新”为主题，聚焦香河文化传承与生活场景。重现百年来香河民间生活的景象，商业文化、民俗文化、仁人志士的言传身教历历在目，传递出香河商贸富裕、文化富足、精诚为美的人文风貌特点。地情资料库是方志馆建设的又一部分，主要用于地情资料收藏、保护、展示与编研，使用面积60平方米。中国社会科学院原院长、中国地方志指导小组原组长王伟光指出：“馆藏资源是方志馆的立身之基，是方志馆实现可持续发展的前提。”香河县政府非常重视方志馆建设，自2017年起，每年拿出一部分资金，购买地情资料图书。2018年3月，香河县方志馆与方志出版社联系，拨出22万余元购买各类志书。香河县方志馆藏有明万历、清康熙、民国以及中华人民共和国成立以来的一、二轮共5部《香河县志》和《香河年鉴》，以及购买和与外埠交流的各类地方志书，《四库全书》《资治通鉴》等，共计1万余册。另外，资料阅览室、会议室为地方志的编纂研究、专业咨询、文化交流等提供了空间。

香河县方志馆借助香河地方志网站建设，全力打造数字方志馆。香河数字方志馆分为古籍库、志书库、年鉴库、影音库、图片库、地情资料库。数字方志馆VR制作已接近尾声，每一个数字库中的内容都在充实完善，相信不久，香河地方志网站的电脑版与手机版开通之时，一个全新的香河数字方志馆也将与大家见面。

Henan Rural Construction of County Officials in Qing Dynasty
——Study on the Local Chronicles as the Center

清代河南州县官的乡村建设
——以地方志为中心的考察[①]

王新环[②]
Wang Xinhuan

内容摘要

清代河南州县官的乡村建设包括风俗整饬和农家经济两大部分。风俗整饬主要是针对地方风俗弊端采取的一系列举措，如奢侈浪费、聚众赌博、兄弟争产、家庭问题等，整饬方式有严禁、劝诫、督导等。农家经济则是对农业生产、家庭副业等的指导、督促和建议，其宣传和实施方法主要是编写通俗易懂的歌谣、发布告示、提供种养方法等。乡村建设是州县官为政一方的主要工作内容，也是政绩的一种体现。从方志记载中，可以体察出清代河南州县官对风俗整饬的努力和富农安居的乡村建设理念，以及发现问题、解决问题的意识和方法等，对当代乡村建设和风俗调整有一定的借鉴意义。

关键词

清代　河南　州县官　乡村建设　地方志

Abstract

Henan rural constructions of county officials in Qing dynasty include two parts of custom regulations and farm economies. Custom regulations include mainly a series of measures for drawbacks of local customs such as extravagance, gambling, brothers fighting over the estate, family problems and so on, and the methods are prohibition, exhortition, supervision and so on. And the farm economies are guidances, supervisions and advice for agricultural productions, and other household sidelines, with propagandas and implementation methods in plain songs or publishing notices and by providing technologies or other means. Rural construction is the main work of county officials as a reflection of his political achievements. From records of local chronicles, you can observe the efforts in custom regulations and rural housing construction concepts of county officials in Henan Province in Qing dynasty, as well as consciousnesses and methods of finding and solving problems, which have certain reference significance for contemporary rural construtions and custom adjustments.

Key words

Qing dynasty　Henan　county officials　rural construction　local chronicles

---

① 本文系2015年河南省教育厅人文社科规划项目"清代河南州县官的'风俗'管控——以地方志为中心的研究"的阶段性成果，项目编号：2015-GH-299。

② 王新环，1972年生，河南中牟人，河南师范大学历史文化学院讲师。研究方向为历史文献学。

在地方志的风俗、物产、艺文等类目中，有诸多州县官对一地风俗进行整饬和发展农家经济的记载。风俗整饬与农家经济是乡村建设的两大部分，探究相关问题，可以了解清代州县官的乡村治理内容及其建设理念。

一、风俗整饬

方志作为州县官员“宣扬”政绩的一个平台，收录诸多他们发布的有关风俗的禁令或告示。对于一个地方官员来说，他的职责众多，除掌管一县的决讼断狱、劝农赈贫外，还要祭祀神灵、讨滑除奸等。尽管事务繁忙，但风俗整饬则被认为是执政中最重要的一项内容，因为在他们看来，“居官之道以正人心，惟风俗为先务，余非所亟”；更何况“风俗之隆替”，还关乎“政教之得失”[①]。

风俗整饬体现在各个方面，其中倡导节俭是永恒的关注点。在方志“风俗”一目中，读者常常能够感受到州县官对奢靡风气的殷殷劝诫之心。如康熙时期河阴知县岑鹤看到当地人凡事讲究“体面交情”，为此不惜倾家荡产的弊俗时特意作《劝俭说》引导风俗：“凡人必能自足衣食，而后可以全体面；必能自尽孝养，而后可以论交情。未有一身狼狈、举室怨嗟，而言交情体面者也。”规定今后凡民间亲友宴会，“肴不过五，酒止数巡，毋许宰杀，罗列纵饮喧哗。平时往还，止用一蔬一饭”。除宴会招待规格外，在穿戴、嫁娶、丧葬上都有相关规定。如嫁娶上要根据家庭财政情况而定，不能“破家而纳妇，鬻男而嫁女”；丧葬上“不必饰观于外”，要求居丧不用浮屠，禁止鼓乐。[②]

民间演剧往往是乡民集资而为之，在州县官员眼中，如此大笔的支出，更是奢侈之风的一种。郾城知县傅豫严禁民间祈雨后的报谢演剧，认为是“科敛财物”。而其前任宋继更是指出：“一村演剧，众村皆至，各招亲厚者，酒食款待，流连宴乐，移他村亦如之，转相矜耀，有一时至五六部及十余部者，靡费不赀。”[③] 舞阳知县王德

① 〔清〕吴乔龄、李栋：乾隆《获嘉县志》卷九《风俗》，乾隆二十一年（1756）刊本，第3页。

② 〔清〕申奇彩、毛泰徵：康熙《河阴县志》卷四《艺文·劝俭说》，康熙三十年（1691）刻本，第25～31页。

③ 〔清〕傅豫：乾隆《郾城县志》卷一《方舆志·风俗》，乾隆十九年（1754）刊本，第21页。

瑛谈到当地乡村敬神、祈雨、修庙、修路等必欲唱戏，唱戏资金“会首人等按门勒派，逐户催收，竟如年例一般”。这些费用还不包括“亲来客往，留饭待茶”之花销。而修庙、修路之资，则因唱戏及厚待斋公，造成“工程未动，而捐项先耗其半”。其弊端还不止于此，唱戏还会引发一系列的治安案件，如“赌博、盗贼、酗酒、打架，无弊不生”。因此，王德瑛在《厚风俗告示》中严厉禁止此种行为。[①]

民风淳朴、无争无讼是清代地方官员治理一方政绩的一种反映。为减少或者化解民间争讼，州县官员会根据具体情况而制定条约。汜水知县徐勉燉为剪除当地陋俗，在任职第二年就颁布了涉及兄弟争产、打架斗殴、信奉邪教、平毁坟墓、嫌贫悔亲、女死诈丧等一系列正俗条约。如针对兄弟争产导致诉讼的现象云：

披览呈词，每多兄弟争告：或称父母养老之地分析不均，或称祖父公家之田霸吞不吐，或肥硗不等较量锱铢，或亩假相侵纷争丈尺。乡邻处覆不听公言，族长调和又违好意，逞笔刀于纸上，不准不休；操戈刃于家间，不完不歇。

推究争讼原因，不过是为钱财起见，为惩戒此种风气，规定以后“如有兄弟讦讼者，先究原告起衅之罪，然后凭公理断”。[②]

赌博是乡村社会的一大恶习，州县官对此非常重视。陈州知府崔应阶在《十二月劝农歌》中，特别强调冬闲时节切勿赌博：“短日且来勤夜作，闲时莫去赌场中。”[③] 关于赌博之危害，舞阳知县王德瑛一针见血地指出，“赌博最为害，耗财源而萌盗贼，集游荡而启奸邪”，甚至还“引诱良家子弟坠入局中”，饬令严加禁止。[④] 商水知县牛问仁在其《劝民勿赌博歌》中亦苦心劝导：

奉劝吾民勿赌博，一着脚时步步错。人生术业各有托，当勤夜思与早

① 〔清〕王德瑛：道光《舞阳县志》卷六《风土志·厚风俗告示》，道光十五年（1835）刊本，第13页。

② 〔清〕许勉燉，禹殿鳌：乾隆《汜水县志》卷十三《风俗·附乾隆四年三月正俗条约》，乾隆九年（1744）刊本，第6～7页。

③ 〔清〕崔应阶、姚之琅：乾隆《陈州府志》卷十一《物产》，乾隆十二年（1747）刻本，第11页。

④ 〔清〕王德瑛：道光《舞阳县志》卷六《风土志·厚风俗告示》，道光十五年（1835）刊本，第18页。

作。纵使冬闲苦寂寞，寻个正业作生活。纵使长夜苦萧索，检点门户谨管钥。每闻人家被偷摸，多因出门去赌博。吾民本是伶俐人，入了赌博多蒙混。吾民本是正经人，入了赌博成光棍。……入局容易转身难，赌博叫做迷魂阵。所以长官爱百姓，惟有赌博法严禁。[①]

州县官认为家庭中女性的行为往往是家庭纠纷或矛盾的导火索，因此对女性的教养非常重视。舞阳知县王德瑛认为“家之兴衰，其端多起于妇女”，因此在《厚风俗告示》中强调养女者“要从小教训”，如一味姑息，必至“上不孝翁姑，下不和妯娌，甚有女回母家妄说夫家是非，两家生起衅隙争斗成讼，贻笑乡邻”的后果。还指出，“鄙俗每多痛爱女儿，不知痛爱媳妇，男人还好，女人犯这病的多”。为化导风俗，王德瑛在《厚风俗告示》中循循善诱，“试思尔疾病、丧祭，件件都是媳妇的事，女儿那能靠得到老”，要求当地“绅耆”辅助训导族邻，教化乡民，争取做到“姑慈妇顺”的理想境地。[②]

改善社会风俗，最重要的一项是教育。在方志记载中，州县官都极为重视学校建设，经常捐俸倡修义学、官学等，重视兴养立教。一地风俗之改变，“转移之机，化导之术，全在主治者加之意焉”[③]。州县官对风俗从善的努力和建设，效果明显。《重修直隶陕州志》的纂修者曾感叹昔日当地民风：“民多尚气，不忍小忿，甚至所争甚微而浸成深怨，真北方之强也！”但随着州县官对风俗的整饬，社会风气有了很大变化：“近甲乙榜渐盛，人知礼仪，殆主持风教者之功效欤。”[④]

① 〔清〕张崇朴、郭熙：乾隆《商水县志》卷十《纪事志》，乾隆四十八年（1783）增刻本，第26页。

② 〔清〕王德瑛：道光《舞阳县志》卷六《风土志·厚风俗告示》，道光十五年（1835）刊本，第6页。

③ 〔清〕董学礼原本，宋名立增修：乾隆《裕州志》卷一《地理·风俗》，乾隆五年（1740）补刊本，第81页。

④ 〔清〕龚崧林、杨建章等：乾隆《重修直隶陕州志》卷四《风俗·附论》，乾隆二十一年（1756）刻本，第5页。

二、农家经济

在见之于方志记载的州县官发布的风俗告示及其他类目中，往往杂有大量有关农业生产和家庭经济的内容。可以看出，所辖民众的生活水平提高或者确保温饱无虞更是一个“父母官”所关注的问题。因此，每每下车伊始，督促民众勤于治产和及时耕种便是州县官的工作重心之一。

根据地情，制定出一定的生产规划是一个合格州县官的必做工作。陈州知府崔应阶在其《十二月劝农歌》中，专业而细致地规划了一年四季的大小农事活动。如在繁忙的四、五、六月，其农事安排如下：

四月天长立夏时，农忙无事不支持。晴来大麦收宜早，雨过新秧插莫迟。蚕茧做成才出箔，棉花锄罢已开枝。休因闲气争长短，陪着工夫告状词。

五月风吹二麦开，黄红豌豆尽登场。割时多觅人工快，收起须防雨水伤。才把早禾锄得净，又将晚菽种成行。辛勤谁似农家苦，一岁银钱出在忙。

六月时当大雨行，河堤塘堰要防倾。种完五谷锄三遍，秀出双歧满十成。闲地耩些荞麦种，空池沤把苎麻茎。日长切莫偷闲睡，去放牛群趁草生。[1]

在崔应阶的《十二月劝农歌》中，除了及时耕作、收获外，还要未雨绸缪地修建堤防、整理农具、储存粮食、制作备用衣物等。此外，还要栽桑接果、养牛牧羊、纺纱织布等。其整体精神是勤于力作，节俭持家，精心防护。能够如此事无巨细地谈及农作事宜，可见这位知府是较为了解民情的一位官员。希望用通俗易懂的歌谣来劝导农人合理安排一年的农活，其良苦用心可见一斑。

舞阳知县王德瑛颁布的《厚风俗告示》中，也涉及多方面有关农业生产的内容。如谈到当地农人耕种情况云：

春田宜于年前秋后耕起使受雪泽，而舞民则但知春耕；高粱、谷子最

① 〔清〕崔应阶、姚之琅：乾隆《陈州府志》卷十一《物产》，乾隆十二年（1747）刻本，第10～11页。

少应锄五遍，而舞民则最多三遍；麦地、豆地皆宜锄一二遍，而舞民则绝不加锄。洼下受水之地每年只种麦子一季，若好地则割麦种豆，次年种秋，最少两年三收，而舞民则好地亦多一年一收，地膏工少，最为可惜。[①]

王德瑛痛惜当地民众不知尽地力，要求人们效法开种山地“颇知勤劳”的客民，以他们为榜样，努力耕作，提高生产。

嵩县知县康基渊根据当地“土疏易渗，五七尺之渠，沾润仅四五顷”的特点，劝导民众改变传统种植结构，把以前专务粮食的种植方法改为调剂之法：麦收之后种粟、植靛蓝，靛蓝收获后再种蔬菜，因为“蓝为商贾所必需，贸迁境外得钱极易，足以供贡赋、日用之需”[②]。康基渊还从“谋生之方资于一途，几何不贫且病”的角度，劝导人们种桑养蚕，摆脱贫困。认为“衣食者民之命”，而农桑更是“衣食之源”，因此要大力发展。况且，嵩县“多陵阜，土脉赤硬，荆桑为宜”[③]。为鼓励栽植，他还自著《种桑法》《移栽桑法》《压条法》《接桑法》，详细指导种植、移栽等方法。如《种桑法》云：

五月桑葚熟时，取黑者置缸中，水浸一宿，揉去皮渣，独留精实，晒极干，和稻草灰封贮磁器，勿令还润。二三月内种之，须择肥地修畦置粪，匀布桑子，再覆细粪寸余，治平令坚，连灌三两次，十日出土，一年长二尺余。俟指大移栽，五步一株，勤灌溉。五年成拱把，可蚕矣。[④]

此外，在农业生产中，水利是影响收成的一大要素，其重要性正如《济源县志》所云：“养民莫先于足食，而食之自出厥为农田，田所由兴厥惟水利，是凡为民牧者所当加意也。”[⑤]因此，解决水利问题是州县官工作的重中之重。商水知县牛问仁为引导民众浚川、掘井，特作劝民歌谣，其《劝民掘井里歌》云：“由来凿井好耕田，收

① 〔清〕王德瑛：道光《舞阳县志》卷六《风土志·厚风俗告示》，道光十五年（1835）刊本，第8页。

② 〔清〕康基渊：乾隆《嵩县志》卷十五《食货·嵩民种田说》，乾隆三十二年（1767）刻本，第314～315页。

③ 〔清〕康基渊：乾隆《嵩县志》卷十五《食货·嵩民种田说》，乾隆三十二年（1767）刻本，第318页。

④ 〔清〕康基渊：乾隆《嵩县志》卷十五《食货·嵩民种田说》，乾隆三十二年（1767）刻本，第319页。

⑤ 〔清〕萧应植：乾隆《济源县志》卷六《水利》，乾隆二十六年（1761）刊本，第185页。

成不是全靠天。……每井灌田三四亩，管保八口得安全。”① 为保证大量农田得到灌溉，知县康基渊更是率领嵩县民众趁农闲期间引水开渠，共开通 21 渠，灌溉农田“六万二千余亩”，为当地民众带来了巨大农业收益。其功劳之大不但得到朝廷的记功奖励，还被乾隆帝高度评价为“崇尚实政、留心民事”之官。②

三、清代州县官的乡村建设理念

在方志记载中，清代州县官员每每下车伊始就开始对辖区做实地考察，了解民生疾苦、风俗利弊。在了解地情、农情的同时，州县官员不但熟悉地方物产，还可根据具体情况制定出指导建议与执政规划。如郾城知县傅豫在“土产”一目中，就谈到记述目的是“因民所利，使自力以活”，而这些也正是“守土者所宜加之意也”。③

在日常执政中，州县官员心怀民生，解决现实问题，减免民众生活之苦。如知州张钺在《豁免滩粮记》中谈到离黄河近在咫尺的郑州，当河患突发，“田庐尽成泽国”时云：“目之其艰而不为请命，司牧之谓何！”④ 为此，条陈情形，为民请命，请求豁免滩粮。当吴世英来到陕州任职时，这个曾经为“秦晋孔道，轮蹄络绎，兵马喧阗”之处，如今民众生活却“视昔备艰”且“赔累无穷”，这让张世英“忧心如焚”。于是，“设法招徕，日事鼓劝”。在几经努力下，民众生活逐渐恢复正常，走向正规。⑤

裕州有河名为“脱脚河”，因河上无桥梁，行人至此无不“褰裳而过”。虽在“冬月冰凌之时，人亦必跣足以渡。若于春夏之交，河水涨溢，洪涛巨浪阻隔往来，人之望洋而叹者不知凡几”。不但经商之人在此要“牵车负担跋涉”，就是传递朝廷命令的信使也不得不“徘徊彼岸，稽迟流连”。知州宋名立任职后，决心捐俸倡修，脱脚河

① 〔清〕张崇朴、郭熙：乾隆《商水县志》卷十《纪事志》，乾隆四十八年（1783）增刻本，第 27 ～ 28 页。

② 〔清〕康基渊：乾隆《嵩县志》卷十四《河渠》，乾隆三十二年（1767）刻本，第 308 页。

③ 〔清〕傅豫：乾隆《郾城县志》卷一《方舆志·土产》，乾隆十九年（1754）刊本，第 23 页。

④ 〔清〕张钺、毛如铣：乾隆《续修郑州志》卷十《艺文志》，乾隆十三年（1748）刻本，第 74 页。

⑤ 〔清〕龚崧林、杨建章：乾隆《重修直隶陕州志》卷首《序》，乾隆二十一年（1756）刻本。

石桥很快完工，为民众解决了交通和商贸往来的大问题。①

嵩县西南山中出产百合，当时“采之者攀荆榛、跻巉险、触雾露、犯虎狼始可得”，所以，采食百合之人并不多。但至乾隆时期，由于入山垦荒之人渐多，人们开始“掘食百合度日”，结果“百合尽而百合之名乃四出，于是求百合者必于嵩”。名气大了，麻烦随之而来，官府也开始需求百合于嵩县，滋扰纷繁，百姓无以应命，以至于“细民语及百合而心悸”。康基渊任职后，考察普济堂土地适宜种植百合，遂引水防旱，募人种植，依靠人工培育的百合“绝胥役之扰，抒贫民之患”，解决了民众忧心的大问题。②

在基层治理中，民生与风俗是两大中心主题，作为一地执政者，州县官员极为重视民生富裕和风俗建设。济源知县萧应植曾言：“治民者不外厚生、养德两端。厚生，思有以养之也；正德，思有以教之也。”③ 在民生问题上，州县官除了督促当地民众勤于种植、按时生产外，还特别注意因地制宜发展农家经济。舞阳知县王德瑛在莅任之初，就着手“为民代谋生计”，根据地情劝谕民众植树养蚕，增加收入：“境内南乡地少山多，若能种树养蚕其利必厚。”④ 南乐知县王培宗劝导人们在闲田隙地和锄犁所不及之处，栽植榆、柳、柿、桃、李等，认为“树木一时用力，可以永久，资本甚微，可以厚望”，是“生财大道之一端”。⑤

在关注“厚生”的同时，州县官对“养德”也丝毫不放松。关于风俗治理，清代官员陈宏谋在《训俗遗规序》中即有论及：“古今之治化，见于风俗。天下之风俗，征于人心，人心厚则礼让兴而讼端息矣。”⑥ 州县官员作为儒家文化的传递者，努力化导风俗向善，使民众在日常生活中做到无争无讼、勤俭节约、孝悌传家。如陈州知府崔应阶即使在指导生产安排时，也不忘风俗宣传，在详列农事活动的《十二月劝农

---

① 〔清〕董学孔原本，宋名立增修：乾隆《裕州志》卷六《艺文志·建脱脚河石桥记》，乾隆五年（1740）补刊本，第512～514页。

② 〔清〕康基渊：乾隆《嵩县志》卷十五《食货·百合》，乾隆三十二年（1767）刻本，第323页。

③ 〔清〕萧应植：乾隆《济源县志》卷十五《艺文·重修甘俞二公书院碑记》，乾隆二十六年（1761）刊本，第798页。

④ 〔清〕王德瑛：道光《舞阳县志》卷六《风土志·厚风俗告示》，道光十五年（1835）刊本，第10页。

⑤ 〔清〕王培宗、邱性善等：康熙《南乐县志》卷十五《艺文志上·劝民栽植文》，康熙五十年（1711）刊本，第8页。

⑥ 〔清〕陈宏谋：《五种遗规·训俗遗规》，乾隆四年（1739）陪远堂刻本，第1页。

歌》后即附有“淳良子弟官怜爱，孝友人家世将旌。万事但能存忍耐，一生自可保清平。全家欢乐多行善，天赐嘉祥百福迎”[①]之语。可以看出，道德教化是州县官员治理地方风俗的主要手段。

作为基层治理者，州县官事务繁多，事无巨细皆与百姓休戚相关。“若得其人，则爱民如赤子而人皆快乐；不得其人，则害人如狼虎而民不聊生。盖以其职至近于民而为祸福至速也。”因此，“县宰之职，不可不重”[②]。正因如此，雍正皇帝特作《钦定训饬州县规条谕》，训勉告诫这些亲民之官，要做到“勤恤民隐，兴利除害，易俗移风”[③]。从方志记载来看，清代州县官对乡村的治理与建设，以上3条基本贯穿其中。总体来看，农业有成、富裕安居、祥和宁静是他们对乡村建设的一种期望。

由于传统方志“有褒无贬”特点的局限，在方志记载中仅可看到州县官执政过程中政绩最为优秀的一面，这对全面评价清代州县官的执政状况有一定欠缺。但仅对乡村建设理念而言，在治理过程中，他们体会民意、体察民生，了解一地风俗之累，熟知一地物产之宜，努力用道德教化推进乡村风俗，因地制宜改善乡民生活，及时解决民众忧心问题，崇尚实政、留心民事的一面却是值得借鉴的。

① 〔清〕崔应阶、姚之琅：乾隆《陈州府志》卷十一《物产》，乾隆十二年（1747）刻本，第11页。

② 〔清〕何鼎：康熙《长葛县志》卷七《艺文·李君政绩之碑》，康熙三十年（1691）刊本，第21页。

③ 〔清〕王崇熙：嘉庆《新安县志》卷首《训典》，嘉庆二十五年（1820）刊本，第29页。

The Practice and Insights of the Central Governments Management in Northwest Sichuan during the Qin, Han, Wei, Jin and South and North Dynasties

秦汉魏晋南北朝中央政府在川西北地区的治理实践及其启示①

陈　立②

Chen Li

内容摘要

川西北地区因其独特的气候地理、自然资源和民族风情，有史以来便与中原地区交织。在封建社会的早期，中央政府针对这一地区的治理模式不断加以调整以适应当地形势，积累了对边疆少数民族地区的治理经验。

关键词

川西北　治理　秦汉　魏晋南北朝

Abstract

Northwest Sichuan region has a significant geographic meaning to Sichuan basin. Its unique climate, natural resources and ethnic culture have been connected with the Central Plain region throughout history. In the early time of feudal society, the flexible management model of central governments to this region gave us a lot of insights that need to be researched.

Key words

northwest Sichuan　management　Qin and Han dynasties　Wei Jin and South and North dynasties

---

① 本文为阿坝藏族羌族自治州社科资金项目成果，项目编号：ABK024。

② 陈立，1984 年生，陕西人，就职于四川省阿坝藏族羌族自治州松潘县党史和地方志办公室，中国古代史专业研究生。研究方向为魏晋南北朝史。

一、导论

川西北地区扼岷江上游，前临成都平原，后接甘青草地，左邻四川盆地，右靠青藏高原。四川盆地历来为中原王朝所重视、倚重，而古人又以岷江为长江源头，因此，在地理上和文化上，这一地区与中原王朝存在着错综复杂的关系[①]。早在4000多年前的公元前21世纪，古蜀国即与中原地区有交流来往。《史记·五帝本纪》记载："黄帝居轩辕之丘，而娶于西陵之女，是为嫘祖。嫘祖为黄帝正妃，生二子，其后皆有天下：其一曰玄嚣……其二曰昌意，降居若水。昌意娶蜀山氏女，曰昌仆，生高阳，高阳有圣德焉。"[②]

蜀山即岷山，岷江即发源于岷山，岷江由北向南贯穿成都平原，成都平原便是岷江冲积所致。《尚书·牧誓》里有"王曰：'嗟！我友邦冢君御事，司徒、司马、司空，亚旅、师氏，千夫长、百夫长，及庸、蜀、羌、髳、微、卢、彭、濮人。称尔戈，比尔干，立尔矛，予其誓'"[③]的记载，说明蜀人、羌人曾助周伐商，与周王朝的联系很早。孔颖达《注疏》曰："此八国皆西南夷也，文王图于西。故南夷属也。"《尚书·牧誓》伪孔传有"蜀叟是指以蜀为叟"，叟在古代指氐羌系民族，因此蜀人应属氐羌系。

但由于四川盆地居于西南一隅，向北有秦岭天堑，往东有三峡险阻，与中原地区交流极为不便。

《史记·秦本纪第五》有"惠文君元年，楚、韩、赵、蜀人来朝"[④]。说明在此时蜀人如同楚、韩、赵这些"外国人"一样，与秦王国还是一种相互独立自治的"睦邻友好"关系。

---

① 由于川西北地区北部为大草原，西部为高山峡谷，人烟稀少，在隋唐以前，与中央王朝有着密切关系的主要为本地区东部和南部的岷江流域一带。

② 〔汉〕司马迁撰，〔宋〕裴骃集解，〔唐〕司马贞索隐，〔唐〕张守节正义：《史记·卷一·五帝本纪第一》，中华书局，1959年版，第10页。

③ 〔汉〕孔安国传，〔唐〕孔颖达疏，廖明春、陈明整理，吕绍纲审定：《十三经注疏·尚书正义》，北京大学出版社，1999年版，第283页。

④ 〔汉〕司马迁撰，〔宋〕裴骃集解，〔唐〕司马贞索隐，〔唐〕张守节正义：《史记·卷五·秦本纪第五》，中华书局，1959年版，第205页。

周显王之世，蜀王有褒、汉之地。因猎谷中，与秦惠王遇。惠王以金一笥遗蜀王，王报珍玩之物，物化为土。惠王怒。群臣贺曰："天承我矣，王将得蜀土地。"惠王喜，乃作石牛五头，朝泻金其后，曰"牛便金"，有养卒百人。蜀人悦之，使使请石牛。惠王许之。乃遣五丁迎石牛。既不便金，怒，遣还之。乃嘲秦人曰"东方牧犊儿"。秦人笑之曰："吾虽牧犊，当得蜀也。"[①]

可见，当时的秦王国为了灭蜀，也苦于蜀道艰险，于是想出了"五丁开道"的妙计。"(周慎靓王五年、秦惠文王更元)九年(公元前316年)，司马错伐蜀，灭之。"[②] 古蜀从此不复存在。

二、中央王朝在川西北的建置

(一) 秦汉时期

秦王朝在灭蜀后最初对蜀地实行的并不是像同时期攻占韩、魏地盘后设立郡县，而是降王为侯，分封蜀国原首领为侯爵，同时设蜀(侯)国相予以监督，实行侯守并存的统治。"卒起兵伐蜀，十月，取之，遂定蜀，贬蜀王更号为侯，而使陈庄相蜀。蜀既属秦，秦以益强，富厚，轻诸侯。"[③]

有些文献书籍中认为四川某地最早建县于秦王朝灭蜀后的当年，即公元前316年，这一说法值得商榷。

周赧王元年，秦惠王封子通国为蜀侯，以陈壮为相。置巴郡。以张若为蜀国守。戎伯尚强，乃移秦民万家实之。三年，分巴、蜀置汉中郡。六年，陈壮反，杀蜀侯通国。秦遣庶长甘茂、张仪、司马错复伐蜀，诛陈壮。

---

① 〔晋〕常璩撰：《华阳国志·蜀志》，齐鲁书社，2010年版，第27页。

② 〔汉〕司马迁撰，〔宋〕裴骃集解，〔唐〕司马贞索隐，〔唐〕张守节正义：《史记·卷五·秦本纪第五》，中华书局，1959年版，第207页。

③ 〔汉〕司马迁撰，〔宋〕裴骃集解，〔唐〕司马贞索隐，〔唐〕张守节正义：《史记·卷七十·张仪列传第十》，中华书局，1959年版，第2284页。

七年，封子恽为蜀侯。①

赧王十四年，蜀侯恽祭山川，献馈于秦昭襄王。恽后母害其宠，加毒以进王。王将尝之，后母曰："馈从二千里来，当试之。"王与近臣，近臣即毙。王大怒，遣司马错赐恽剑，使自裁。恽惧，夫妇自杀。秦诛其臣郎中令婴等二十七人。蜀人葬恽郭外。十五年，王封其子绾为蜀侯。②

（周赧王）三十年，疑蜀侯绾反，王复诛之，但置蜀守。张若因取笮及楚江南地也。③

可见，从周慎靓王五年（秦惠文王更元九年，公元前316年）直到周赧王三十年（秦昭襄王二十二年，公元前285年）这31年时间，秦国在蜀地实行的都是封王统治而不是设立郡县。

此后，"（秦昭襄王）三十年（周赧王三十八年，公元前277年），蜀守（张）若伐楚，取巫郡及江南为黔中郡"。④可知蜀地的郡县设置应不早于周赧王三十年（秦昭襄王二十二年，公元前285年），不晚于周赧王三十八年（秦昭襄王三十年，公元前277年）。

根据史书记载，"（孝惠三年）蜀湔氏反，《索隐》湔音煎，氐音柢。蜀郡县名。击之。"⑤湔氐县的设立最迟不晚于汉惠帝三年，即公元前192年。秦二世元年（前209年）秋，陈胜、吴广等900余名戍卒在蕲县大泽乡（今宿州）发动起义，随着秦王朝的土崩瓦解，湔氐县也名存实亡了。

西汉时期，将有少数民族的县改名称为道。

县令、长，皆秦官，掌治其县。……县大率方百里，其民稠则减，稀则旷，乡、亭亦如之，皆秦制也。列侯所食县曰国，皇太后、皇

---

① 〔晋〕常璩撰：《华阳国志·蜀志》，齐鲁书社，2010年版，第29页。

② 〔晋〕常璩撰：《华阳国志·蜀志》，齐鲁书社，2010年版，第29页。

③ 〔晋〕常璩撰：《华阳国志·蜀志》，齐鲁书社，2010年版，第30页。

④ 〔汉〕司马迁撰，〔宋〕裴骃集解，〔唐〕司马贞索隐，〔唐〕张守节正义：《史记·卷五·秦本纪第五》，中华书局，1959年版，第213页。

⑤ 〔汉〕司马迁撰，〔宋〕裴骃集解，〔唐〕司马贞索隐，〔唐〕张守节正义：《史记·卷二十二·汉兴以来将相名臣年表第十》，中华书局，1959年版，第1122页。

后、公主所食曰邑，有蛮夷曰道。凡县、道、国、邑千五百八十七，乡六千六百二十二，亭二万九千六百三十五。[1]

道、国、邑都是一种特殊的县，对原先单一的县进行区别，这表明中央王朝在地方管理上不再一刀切，而是根据实际情况进行区分对待，从而使地方治理更为科学合理。

川西北地区当时纳入中央王朝统治的主要在其东部地区，最初属蜀郡。

蜀郡，秦置。有小江入，并行千九百八十里。《禹贡》：桓水出蜀西南，行羌中，入南海。莽曰导江。属益州。户二十六万八千二百七十九……县十五：成都，户七万六千二百五十六。有工官。郫，《禹贡》：江沱在西，东入大江。繁，广都，莽曰就都亭。临邛，仆千水东至武阳入江，过郡二，行五百一十里。有铁官、盐官。莽曰监邛。青衣，《禹贡》：蒙山溪大渡水东南至南安入渽。江原，鄣水首受江，南至武阳入江。莽曰节原。严道，邛来山，邛水所出山，东入青衣。有木官。莽曰严治。绵虒，玉垒山，湔水所出，东南至江阳入江，过郡三，行千八百九十里。旄牛，鲜水出徼外，南入若水。若水亦出徼外，南至大莋入绳，过郡二，行千六百里。徙。湔氐道。《禹贡》：岷山在西徼外，江水所出，东南至江都入海，过郡七，行二千六百六十里。汶江，渽水出徼外，南至南安，东入江，过郡三，行三千四十里。江沱在西南，东入江。广柔，蚕陵。莽曰步昌。[2]

蜀郡，秦置。洛阳西三千一百里。十一城……成都、郫、江原、繁、广都。临邛有铁。湔氐道，岷山在西徼外。汶江道、八陵、广柔、绵虒道。[3]

而其中的绵虒、湔氐道、汶江、蚕陵都在川西北地区。

因此可知，两汉时期的川西北岷江流域地区的建置县（道）长期归蜀郡管辖。

《蜀鉴·卷九》：“按《华阳国志》，汶山郡东接蜀郡，南接汉嘉，西接凉州酒泉，

---

① 〔汉〕班固撰，〔唐〕颜师古注：《汉书·卷十九上·百官公卿表第七上》，中华书局，1962年版，第742页。

② 〔汉〕班固撰，〔唐〕颜师古注：《汉书·卷二十八上·地理志第八上》，中华书局，1962年版，第1598页。

③ 〔晋〕司马彪撰，〔梁〕刘昭注补：《后汉书·志第二十三·郡国五》，中华书局，1965年版，第3508页。

北接阴平。即今茂州汶山县是也。在汉有绵虒县。”

《蜀鉴》作者郭允蹈是南宋中后期人，南宋时期的茂州汶山县即今天的茂县一带。

南越破后，及汉诛且兰、邛君，并杀筰侯，冉駹皆振恐，请臣置吏。乃以邛都为越嶲郡，筰都为沈犁郡，冉駹为汶山郡。《集解》应劭曰：今蜀郡岷江，广汉西白马为武都郡。[①]

冉駹夷者，武帝所开。元鼎六年，以为汶山郡。至地节三年，夷人以立郡赋重，宣帝乃省，并蜀郡为北部都尉。其山有六夷七羌九氐，各有部落。其王侯颇知文书，而法严重。贵妇人，党母族。死则烧其尸。土气多寒，在盛夏冰犹不释，故夷人冬则避寒，入蜀为佣；夏则违暑，反其聚邑。皆依山居止，累石为室，高者至十余丈，为邛笼。又土地刚卤，不生谷粟麻菽，唯以麦为资，而宜畜牧。有旄牛，无角，一名童牛，肉重千斤，毛可为毦。出名马。有灵羊，可疗毒。又有食药鹿，鹿麑有胎者，其肠中粪亦疗毒疾。又有五角羊、麝香、轻毛毼鸡、牲牲。其人能作旄毡、班罽、青顿、毞毲、羊羧之属。特多杂药。地有咸土，煮以为盐，麡羊牛马食之皆肥。其西又有三河、槃于虏，北有黄石、北地、卢水胡，其表乃为徼外。灵帝时，复分蜀郡北部为汶山郡云。[②]

由上可知，及至西汉武帝时期，在消灭了南越割据政权后，汉武帝大开西南夷，川西北地区也因此又恢复了行政建制。而此时汶山郡的北界只到茂县一带。

……灵帝又以汶江、蚕陵、广柔三县立汶山郡。[③]

汶山郡汉置。统县八，户一万六千。汶山、升迁、都安、广阳、兴乐、平康、蚕陵、广柔。[④]

---

① 〔汉〕司马迁撰，〔宋〕裴骃集解，〔唐〕司马贞索隐，〔唐〕张守节正义：《史记·卷一百一十六·西南夷列传第五十六》，中华书局，1959 年版，第 2997 页。

② 〔宋〕范晔撰，〔唐〕李贤等注：《后汉书·卷八十六·南蛮西南夷列传第七十六》，中华书局，1965 年版，第 2857 页。

③ 〔唐〕房玄龄等撰：《晋书·卷十四·志第四·地理上》，中华书局，1974 年版，第 438 页。

④ 〔唐〕房玄龄等撰：《晋书·卷十四·志第四·地理上》，中华书局，1974 年版，第 439 页。

◎ 松州古城东门

其中的升迁、兴乐、平康都在今天的松潘县。故而在东汉后期，汶山郡重置，地界再次北推至今天的松潘县一带。

（二）魏晋时期

> 陈震字孝起，南阳人也。先主领荆州牧，辟为从事，部诸郡，随先主入蜀。蜀既定，为蜀郡北部都尉，因易郡名，为汶山太守，转在犍为。[①]

蜀汉时期，将汉宣帝时改为蜀郡北部都尉的汶山郡又改回为郡。三国时期，相比魏、吴两国，蜀汉的疆域人口最少，这很可能出于扩大财政的目的。

> 于是废立为民，徙汶山郡，立躬率妻子耕殖自守。……建兴十二年，闻诸葛亮卒，垂泣叹曰："吾终为左衽矣！"后监军姜维率偏军经汶山，诣立。称立意气不衰，言论自若。立遂终徙所。妻子还蜀。[②]

① 〔晋〕陈寿撰，〔宋〕裴松之注：《三国志·卷三十九·蜀书九》，中华书局，1959 年版，第 984 页。
② 〔晋〕陈寿撰，〔宋〕裴松之注：《三国志·卷四十·蜀书十》，中华书局，1959 年版，第 998 页。

孔子曾以“微管仲，吾披发左衽矣”赞颂管仲多次出谋划策，抵御北方少数民族入侵，使中原文化免遭沦丧之功德。古代汉族装饰为束发右衽，少数民族为披发左衽，由此可见，在三国时期，川西北地区仍被视为荒蛮之所，成为罪臣的流徙之地。

蜀汉时期，岷江上游川西北地区的土著仍然是叛服不定。

> （延熙）十年，迁卫将军，与大将军费祎共录尚书事。是岁，汶山平康夷反，（姜）维率众讨平之。[①]
>
> 薛城，汉已前，徼外羌冉駹之地。蜀刘禅时，蜀将姜维、马忠等，讨汶山叛羌，即此地也。今州城，即姜维故垒也。[②]

蜀汉政权及时对叛乱加以平定，并在当地修建堡垒等军事建筑进行防御。

（三）南北朝时期

> 汶山郡，后周置汶州。开皇初改曰蜀州，寻为会州，置总管府。大业初府废。统县十一，户二万四千一百五十九。汶山旧曰广阳。梁改为北部都尉，置绳州、北部郡。后周改曰汶州。开皇初郡废，仁寿元年改名焉。北川后周置。有龙泉水、鹰门山、襄阳山。汶川后周置汝山郡，开皇初郡废。交川开皇初置。有关官。通化开皇初置，曰金川，仁寿初改名焉。左封后周置，曰广年，及置广年郡、左封郡。开皇初郡并废。仁寿初县改名焉。又置翼州，大业初废。有汶山。平康后周置。有羊肠山。翼水后周置，曰龙求，及置清江郡。开皇初郡废，县改曰清江。十八年，又改名焉。翼针后周置，及翼针郡。开皇初郡废。有石镜山。江源后周置。通轨后周置，县及覃州，并覃川、荣乡二郡。开皇初郡废，四年州废。有甘松山。[③]

这里的后周即南北朝时的北朝政权之一，唐宋后一般称为北周。北周时期，在

① 〔晋〕陈寿撰，〔宋〕裴松之注：《三国志·卷四十四·蜀书十四》，中华书局，1959 年版，第 1064 页。

② 〔后晋〕刘昫等撰：《旧唐书·卷四十一·志第二十一·地理四》，中华书局，1975 年版，第 1690 页。

③ 〔唐〕魏徵、令狐德棻撰：《隋书·卷二十九·志第二十四·地理上》，中华书局，1973 年版，第 823 页。

川西北地区设置多个县，这应该与北周代替西魏占领四川，巩固其在长江上游的统治，之后又吞并北方，再顺江而下消灭南朝统一全国的历史进程密不可分。

茂州都督府，隋汶山郡。……至京师西南二千七百九十四里，至东都三千一十四里。汶山，汉汶江县，属蜀郡。故城在今县北二里，旧冉駹地。晋汶山郡，宋广阳县。周为汶州，置汶山县。……汶川，汉绵虒县地，属蜀郡。晋置汶川县，后周移汶川于广阳县齐州置，即今治也。玉垒山，在县东北四里。石纽山，亦在县界。[1]

北周在分设建县的同时，并适时对原县治所进行迁移，使其更加便于统治。

茂州，管汶川一县。《禹贡》：岷山导江，发迹于此。《水经注》云：岷山，即渎山也。水曰渎水矣。冉駹氐之国，按，白马黑面曰駹。駹，夷名也。《史记》：南越破后，冉駹等皆震恐，请臣置吏。汉武帝元鼎六年，以冉駹为汶山郡。汶当作涢，古字汶、岷通用。王羲之游目汶岭是也。按，《地里表》云汶山在茂州汶山县，岷山在西北。如此则汶、岷乃二山。梁曰

◎ 黄龙风景名胜区——五彩池

① 〔后晋〕刘昫等撰：《旧唐书·卷四十一·志第二十一·地理四》，中华书局，1975年版，第1688页。

绳州，普通三年置。桃关之路以绳为桥，因作州称。隋曰会州，谓其为西夷之交会也。唐贞观始改茂州，以茂湿山为名，言山之草木丛茂云雾润湿矣。汶川县，汉之绵虒县也。虎有角曰虒，行水中，地有此兽矣。晋置汶川州于此。周武帝保定四年，移汶川州于广阳县。州废，乃置汶川县。松潘卫，地出甘松，后魏以之名县矣。唐改松州。潘，吐蕃姓也。……后周为龙涸郡。《水经注》云自白马岭回行二千余里至龙涸是也。小河所，涪江支河也，古曰涪阳。迭溪所，氐羌之地，汉蚕陵县。后周置翼斜郡。唐曰翼州，以夷水绕其地，分流如翼也。①

对于川西北地区的行政地名，皆根据当地的山川物产或风情习俗为名，既铭其奇特，又贴切雅致，也算是一种统治特色了。

三、中央政府在川西北地区的治理方式与启示

（一）封建社会早期中央政府在川西北地区的治理方式

发源于岷山的岷江，自古便哺育着当地的远古部落，成都平原的形成也主要是岷江冲积的结果。由于其地北上可达青海的河湟地区，南下可至四川盆地的成都平原，于是便成了先秦时的北方游牧民族与古蜀国两种文化交流的纽带。

川西北地区在历史上与中央政府的交往很早，但由于地处偏远，直至秦汉时期才正式纳入中央政府的直接统治范围。秦国能挥师东征吞并六国，与其消灭古蜀国和古巴国，以至无后顾之忧并获得了大量的资源是密不可分的。秦灭蜀后，位于成都上游的川西北地区自然成为前沿屏障。

松潘厅，在四川省龙安府西少北三百里。东西距二百七十七里，南北距二百二十里。东至小河营界八十七里，西至生番界一百九十里，南至叠

① 〔明〕曹学佺撰：《蜀中广记·卷五十一》，重庆出版社，1984年版，第552页。

溪营界一百九十里，北至漳腊营界三十里，东南至平番营七十六里，西南至杂谷土司界二百里，东北至南坪营界三百里。建置沿革，《禹贡》梁州之域周氐地。汉置湔氐道，属蜀郡。后汉因之。晋改置升迁县，属汶山郡。后废。后魏为吐谷浑地。后周天和元年，始置扶州总管府及龙涸郡嘉诚县……西北至黄胜关草地界八十里……①

茂州……汉初为冉駹国地。按《史记·大宛传》：天子发间使出駹、出冉，是冉駹本二种也。武帝元鼎六年，以其地置汶山郡，见《汉书·武帝纪》。《华阳国志》作元封四年置，误。治汶江县。宣帝地节三年，省属蜀郡为北部都尉，后汉因之。建安中，先主定蜀，复以北部为汶山郡。《华阳国志》作安帝延光三年复立。《后汉·西南夷传》又作灵帝时。今据《蜀志·陈震传》为正。晋时移郡治汶山县，改汶江为广阳，属之东晋，后荒废。萧齐复置北部都尉。梁普通三年，置绳州北部郡，仍置广阳县为治。按《隋志》，汶山县旧曰广阳，梁改为北部都尉，今考《齐志》有北部都尉而无广阳县，

◎ 黄龙五彩池近景

① 〔清〕穆彰阿、潘锡恩等纂修：《大清一统志·卷三百十四》，上海古籍出版社，2008年版，第3208页。

盖北部置于齐州郡县皆置于梁时也。后周保定四年，改绳州曰汶州。[1]

纵观这一时期的川西北地区的行政设置，可以看出从封建社会早期，中央政府便在川西北地区设县立郡。秦王朝最先于岷江源设湔氐县，西汉王朝则进一步完善郡县制，除县外更设置道、国、邑加以区别，从而“因地制宜”。随后又根据当地少数民族聚集地的实际情况加以区别管理，之后又依据当地百姓减免赋税的请求而改行政设置为军事建置，以解决当地百姓颇感赋税繁重之苦。这无疑是封建中央政府对少数民族地区统治方式的一大进步。随着人口的增长，又分设置县，由早期的蜀郡下辖县，变为在川西北地区单独设立的汶山郡，又改为蜀郡北部都尉，后再改回汶山郡。在川西北地区的建制县也不断分合调整，都是出于更好地适应当地当时的行政及军事需要。

（二）封建社会早期中央政府对川西北地区的治理启示

川西北地区上达青海、甘肃，下接成都、绵阳。其地处岷江上游青藏高原东缘，生产以畜牧业为主，种植业为辅，有着与四川盆地及中原地区区别很大的生产生活方式。自先秦至隋朝前，一直为土著部落、古羌族分支的聚居地，为中央政府直接统治或受封臣属，虽有短暂叛离，但大多时期一直为中央政府的有效统治区域。从秦至北周，可以看出：一是对该地区的重视。从蜀郡设立后便建县于岷江源头。二是根据当地特点治理方式方法不断调整。从西汉初期的改县为道，到后期的改郡为北部都尉，使治理模式更加科学合理。三是适时调整行政建置及区划。县的数目根据当时情况有增有减，由少趋多，县级行政区划也因历史情况不断分合调整，以利于统治。四是坚持有效治理，不放弃不抛弃。对于当地发生的叛乱，及时予以平定，以实现对这一地区长期有效的掌控。从秦到汉，从南朝到北朝，不论王朝更替或是两国易手，都将川西北地区纳入自己的统治区域，视其为自己国土的一部分。

秦汉魏晋南北朝时期，即中国封建社会早期，中央政府对川西北的统治在延续中变化发展，不断调整方式方法，坚持积极有效的治理，不断积累对边疆少数民族地区的治理经验，为之后的中央政府打下了坚实基础。

---

① 〔清〕穆彰阿、潘锡恩等纂修：《大清一统志·卷三百十四》，上海古籍出版社，2008年版，第3475页。

Review and Reflection: the Study of the Nature of Local Chronicles since Eighteenth Century

回顾与反思：18 世纪以来的方志性质研究[①]

戴　昇[②]
Dai Sheng

内容摘要

18 世纪以来，随着戴震与章学诚两位方志学家的出现，方志性质的讨论和研究逐渐进入了深化的阶段。进入新时期以后，方志学家们更是针对方志性质进行了专门的研讨。本文在回顾前人已有的方志性质研究基础上，对其进行深刻的反思。本文认为，在中国传统社会时期，方志性质由早期"重地"向后期"重史"转化；地方志的"地域性"与"时段性"是其方志性质不可或缺的部分；方志作为综合性资料，其性质是随着社会的发展变化而不断变化的，它是特定地域、特定时段的产物。

关键词

方志　性质　重史派　重地派　综合性资料

Abstract

Since eighteenth Century, with the emergence of two local chorographists Dai Zhen and Zhang Xuecheng, the discussion and research of the nature of local chronicles gradually entered a deepening stage. After entering the new era, the local chorographists devoted to the discussion of the nature of local chronicles. It is the task and mission of a new generation of chorographists to review the previous studies on the nature of the local chronicles and to make appropriate reflection and innovation. This article considers that in the traditional Chinese society, the nature of local chronicles changed from "emphasizing geography" in the early period to "emphasizing history" in the later period. "Regionalism" and "time period" of local chronicles are indispensable parts of the nature of local chronicles. The nature of local chronicles is constantly changing with the development and change of society. It is the product of specific regions and period of time.

Key words

local chronicles　nature　historical school　geographical school　comprehensive information

① 本文系教育部人文社会科学研究青年基金项目"国家与社会互动视野下的江南基层政权与乡村治理研究"（项目编号：16YJC770010）研究成果之一；2017 年上海市社科规划项目（地方志专项）成果之一。

② 戴昇，1993 年生，安徽歙县人，上海师范大学历史系硕士，戴震纪念馆助理研究馆员。研究方向为中国社会经济史。

方志性质在地方志编纂过程中起着提纲挈领的作用。职是之故，人们自古以来就对方志的性质有过思考和认识：乾嘉以前，参与过方志编修的士人们就对方志的性质有过简单的概括。18 世纪以后，随着地方志编纂的深入，关于方志性质的讨论更是逐渐集中起来，并出现了后来被学界公认的以戴震为首的“地理派”和以章学诚为首的“历史派”，“章戴之争在方志学史上是方志性质的首场辩论”[①]。新时期地方志性质的判定是建立在对以往方志性质的梳理之上。因此，回顾并反思 18 世纪以来方志性质的研究工作急不可待。

一、引言

为更好地概述各种学术观点，我们对不同时段的方志性质研究进行了分期：

一、18 世纪以前，这段时期内的方志性质研究大多没有专门化。学人们对地方志性质的判断更多是来源于自身的修志实践，几乎没有专文进行论述。而体现此一时期人们对方志性质的认识载体，大多是方志的序、跋等。但是，这些对方志性质的认识是 18 世纪以后学者认识方志性质的思想源泉，我们不能不对其进行了解。有鉴于此，笔者专门罗列了 18 世纪以前重要的相关论点。

二、18 世纪至改革开放时期，乾嘉朝时出现了两位重要的方志学者，即戴震与章学诚。正是因为两位具有代表性的学者出现，才出现了所谓“地理派”与“历史派”的分流。从乾嘉时期到改革开放这段时期，学者们大多围绕着“方志史地化”问题进行讨论。

三、改革开放以来，随着修志工作的深入，愈来愈多专门探讨方志性质的文章得以出现。我们的工作当然也不能对方志讨论进行简单的派别划分，而是要聚焦相关代表性观点，并在此基础上进行适当的点评。

① 王晖：《四论方志性质与特征》，《中国地方志》，2005 年第 1 期。

二、“重地”派[①]

现存的唐代至清代多种方志的修纂者及研究者，在他们所写的序跋和评述中，多把方志认作地理书。如唐人刘知幾认为：“九州土宇，万国山川，物产殊宜，风化异俗，如各志其本国，足以明一方，若盛弘之《荆州记》、常璩《华阳国志》、辛氏《三秦》、罗含《湘中》，此之谓地理书也。”[②] 李吉甫认为《元和郡县图志》的终极意义在于：“至于丘壤山川，攻守利害，本于地理者，皆略而不书，将何以佐明王扼天下之吭，制群生之命，收地保势胜之利，示形束壤制之端，此微臣之所以精研，圣后之所宜周览也。”[③] 宋人欧阳忞在其《舆地广记》的开篇就写到：“地理之书，虽非有深远难见之事，然自历世以来，更张改作……予不佞，自少读书，私尝留意于此，尝自尧舜以来至今为书凡三十八篇，命之曰《舆地广记》。”[④]

清代学者兼方志修纂者洪亮吉、谢启昆、孙星衍、李兆洛等人都主张方志“重地说”。这一派以戴震为代表，明确地阐述：“志以考地理，但悉于地理沿革，则志事已竟，奢言文献，岂所谓急务哉”[⑤]，主张“古今沿革，作志者首以为重”[⑥]，以为“一方之志，沿革最要”[⑦]，力主“志乘为地理专书”[⑧]。

此后，这一观点亦有人继承，民国时期梁园东说：“中国之地方志，以今日视之，实为不完全的地理书”，谢国祯亦持相同观点。[⑨] 台湾学者陶元珍亦力主“方志为地理书”，认为“就现代趋势言，方志实应较重地理，戴东原当年之论，诚有可取之

---

① 以往学术界将戴震关于方志性质的观点简单概括为“地理派”，与之相对地将章学诚关于方志性质的观点笼统归纳为“历史派”。对此，笔者不敢苟同。原因主要有以下两点：一、将二者关于方志性质的观点冠以带有鲜明学科属性的词汇——“历史”“地理”，这种笼统的称呼在一定程度上不利于人们全面完整地认识戴、章二人的方志观。二、通过检视二人关于方志性质的文本表述和修志实践，笔者认为以“重史”“重地”作为派别划分更加精确。即戴震是方志性质“重地”派学者代表，而章学诚是方志性质“重史”派学者代表。

② 〔唐〕刘知幾：《史通》，《景印文渊阁四库全书·史部》，第685册，台湾商务印书馆，2008年版，第76页。

③ 〔唐〕李吉甫：《元和郡县图志·序》，贺次君点校，中华书局，1983年版，第2页。

④ 〔宋〕欧阳忞：《舆地广记序》，《舆地广记》，李勇先、王小红校注，四川大学出版社，2003年版，第1247页。

⑤ 〔清〕章学诚：《记与戴东原论修志》，《文史通义·卷八》第四册，上海书店，1988年版，第22页。

⑥ 〔清〕戴震：《应州续志·序》，《戴震文集·卷六》，赵玉新点校，中华书局，1980年版，第120页。

⑦ 〔清〕洪亮吉：《更生斋文甲集》卷三《跋新修庐州府志后——寄张太守祥云》，光绪授经堂重校刊本。

⑧ 〔清〕谢启昆、胡虔：《广西通志·叙例》，清嘉庆七年（1802）刻本。

⑨ 黄苇等：《方志学》，复旦大学出版社，1993年版，第286页。

处”[①]。贾恩绂则认为，在地方志中地理内容是“股”、是“本”，人文内容是“指”、是“末”。他说：“夫方志以疆域为主体，善辨者无以易也。旁及政典，已失谨严，乃人物、选举、金石、艺文之属，广收兼蓄，以多为宝，驯至指大于股，末大于本，直一方之杂俎耳、谈丛耳，以云著述，抑何其远？”[②]

地方志“重地理”，同样也体现在目录学上：“上自《隋书·经籍志》《宋书·艺文志》《明史·艺文志》等正史经籍、艺文志，下至梁阮孝绪《七录》，宋陈振孙《直斋书录题解》、郑樵《通志·艺文略》，明焦竑《国史·经籍志》，清周中孚《郑堂读书记补遗》、范希曾《书目答问补正》，民国《续修四库全书提要》及今人方国瑜《云南史料目录概说》、王重民《中国善本书目提要》等历代公私书目，大多将方志列为地理之属，把方志看作地理书。”[③]

巴兆祥教授综合阐述了方志“重地理”的3条理由：“（一）方志为一方之志，大自省、府志，中至州、厅、县志，小至乡镇志，都以特定区域为界线，记载这一界线内的建置沿革、风土民情、工农业生产等，有鲜明的地域性。（二）每部志书都用大量篇幅，首先记载一地的地理内容……其次才是财赋、选举等。（三）方志源于《禹贡》《周官·职方》等先秦地理著作。”[④]对于其中提及的第三点，笔者表示有异议，因为“将地方志的源头追溯到先秦的地理著作”这一观点是值得商榷的。如果按照以上逻辑，方志“重史”派的学者会同样将地方志的源头追溯到先秦的历史著作，譬如鲁国的《春秋》。这样的方志性质讨论将进入各执一词的窘境，而没有实质进展。所以，方志的探源在厘清方志性质这一问题上要再三谨慎。

三、“重史”派

与方志“重地”派相对应的学术派别，就是方志“重史”派。早在章学诚之前，就有学者持方志就是史书的观点。如汉代郑玄在注《周礼·外史》所掌“四方之志”

① 来新夏主编：《中国地方志综览：1949—1987》，黄山书社，1988年版，第381页。

② 贾恩绂：《河北省通志馆近况续记》，《河北月刊》，1933年第1卷第12期。

③ 黄苇等：《方志学》，复旦大学出版社，1993年版，第286～287页。

④ 黄苇等：《方志学》，复旦大学出版社，1993年版，第287页。

时就说："志，记也。谓若鲁之《春秋》，晋之《乘》，楚之《梼杌》。"[①] 宋人郑兴裔亦认为："郡之有志，犹国之有史。"[②] 明人朱睦㮮在其所编的《万卷堂书目》中，首次将方志从地理类书目中划分出来，"列为史部一类"[③]。

章学诚在他编纂的各类方志中一而再再而三地强调，"志乃史体"[④]，"志乃史裁"[⑤]，"志属信史"[⑥]，"方志乃一方之全史也"[⑦]。清季还有施润章、李绂、纪昀等亦主此论。

清末至民国年间，学者们对方志性质的研究依然乐此不疲。譬如梁启超认为："最古之史，实为方志，如孟子所称晋《乘》、楚《梼杌》、鲁《春秋》，墨子所称周之《春秋》、宋之《春秋》、燕之《春秋》，庄子所称百二十国《宝书》。"[⑧] 寿鹏飞认为："志乘为郡邑正史。"[⑨] 甘云鹏在回答方志体例问题时强调："一省通志，即一省之历史也。一县志、乘，即一县之历史也。"[⑩] 李泰棻认为："方志者，即地方之志，盖以区别国史也。依诸向例，在中央者，谓之史，在地方者，谓之志。故志即史。"[⑪] 瞿宣颖认为："方志者，地方之史也……故欲了解国家与民族粲然万殊之习性情状，必自了解各地方之史始。"[⑫] 以上诸人都承认方志即"地方之史"。

当代不少学者同样也持这种观点。如白寿彝在其主编的《史学概论》中称："方志是地方之史。"[⑬] 傅振伦在给方志下定义时谈及："以地区为主的历史书，名曰方志。"[⑭] 孙文举亦说："方志是史学的一个组成部分，方志与史学的关系是局部与整体

---

① 《周礼》，郑玄注，《汉魏古注十三经·附四书章句集注》，中华书局，1998 年版，第 168 页。

② 〔宋〕郑兴裔：《郑忠肃奏议遗集·广陵志序》，《景印文渊阁四库全书·集部》，第 1140 册，台湾商务印书馆，2008 年版，第 217 页。

③ 中国地方志指导小组办公室：《中国方志通鉴》，方志出版社，2010 年版，第 1610 页。

④ 〔清〕章学诚：《答甄秀才论修志第一书》，《文史通义·卷八》第四册，上海书店，1988 年版，第 3 页。

⑤ 〔清〕章学诚：《书武功志后》，《文史通义·卷八》第四册，上海书店，1988 年版，第 36 页。

⑥ 〔清〕章学诚：《修志十议》，《文史通义·卷八》第四册，上海书店，1988 年版，第 14 页。

⑦ 〔清〕章学诚：《丁巳岁暮书怀投赠宾谷转运因以志别》，《章学诚遗书·卷二十八》，文物出版社，1985 年版，第 317 页。

⑧ 梁启超：《清代学者整理旧学之总成绩——方志学》，《东方杂志》，第 21 卷第 18 号。

⑨ 寿鹏飞：《方志通义》，转引自林正秋主编：《中国地方志名家传》，黄山书社，1990 年版，第 259 页。

⑩ 甘云鹏：《修志答问》，《方志学两种》，岳麓书社，1984 年版，第 177 页。

⑪ 李泰棻：《方志学》，商务印书馆，1935 年版，第 1 页。

⑫ 瞿宣颖：《志例丛话》，《东方杂志》，1934 年第 31 卷第 1 号。

⑬ 白寿彝主编：《史学概论》，宁夏人民出版社，1983 年版，第 80 页。

⑭ 傅振伦：《中国方志学（连载之一）》，《河北师范大学学报》，1981 年第 2 期。

的关系。”[1] 黄德发认为：“地方志是记述某一行政区域内自然与社会发展过程的资料性历史著述。”[2] 曾任台湾通志馆馆长的林献堂、通志馆顾问委员会主任委员黄纯青、文献委员会委员兼总纂林熊祥等均认为“地方志即地方史”，他们的观点“都是根据章学诚、梁启超等前人的旧史学观点加以诠释的”[3]。王全兴认为：“地方志是一方之全史，叫地方史亦无不可，史志在这里就是同义词。”[4] 向伟也说：“从科学的分类上理解，方志属史学，从历史学家的思维认识层次看，方志则属基层史学，它以确立具体的历史事实为任务，是史学的基础工作。”[5]

在所有持方志“重史”说的当代学者中，李玉成、曹建英和沈松平的观点最具代表性。

李玉成认为：“地方志即地方史。”[6] 他对当时渐趋一致的方志本（性）质定义“方志是一方自然与社会的历史与现状的资料性著述”提出了异议。并在此基础上进行了辨析压缩，他认为该定义中的“现状”就是当代史，是历史的一部分；“自然与社会的历史”就是自然史与社会史，亦是历史的一部分；“资料性著述”就是历史的初级形态和历史的较高级形态，同样是历史。所以，他最终得出的方志本质定义最后压缩成“一方的历史”，即地方史。

曹建英认为：“志书属于史书类，但它不是一般意义上的历史书，是一种特殊的史书。”[7] 他的论据主要有 3 个方面：一、从广义的角度看，历史包含了自然和人类社会发展变化的历史，当然也包括当代发生过的事。而方志记述的主体就是当代的事，也是当代人记述当代的史事，这就是地方志这种“特殊的史书”的一大特征。二、地方志的性质应该由其内容来决定，而建置沿革、政治、经济、文化、军事、社会、人物无一不是地方志的主要内容。这些主要内容的各个方面的事，都是以历史的形式出现在志书之中，所以志书应归于史类。三、不同于章学诚所认为的“方志为一方之

① 孙文举：《论方志的性质》，《河北学刊》，1983 年第 4 期。
② 黄德发：《史志关系辨析》，《广东史志》，1992 年第 1 期。
③ 来新夏主编：《中国地方志综览：1949—1987》，黄山书社，1988 年版，第 380 ～ 381 页。
④ 王全兴：《试评方志性质的表述》，《黑龙江史志》，1986 年第 3 期。
⑤ 向伟：《浅谈方志的科学属性》，《福建史志》，1993 年第 4 ～ 5 期。
⑥ 李玉成：《方志的本质》，《广西地方志》，1997 年第 1 期。
⑦ 曹建英：《也谈方志的性质》，《广西地方志》，2004 年第 5 期。

全史”的观点，曹建英认为那些以某一方面或某事件为主要内容的志书属于特殊的史书。以某一方面或事件为主写成的专志，就是写某一事件发生、发展变化的历史，以这种历史为主体的书也应归属于史书类。但它不是普通意义上的史书，是一种“特殊的史书”。

沈松平认为：“方志是由地方性、时限性、资料性、官修性五个本质属性构成的史书，是地方‘正史’。”他赞成方志的发展已使它形成一门独立的学科——方志学，成为历史学科（一级学科）下面的一个二级学科，但不赞成它脱离历史学科而存在，因为方志至今仍然具有历史学科的共同特征，理应还是历史学的有机组成部分。”共同特征有以下两点：一、在涉及范围上，方志是综合性的著作，志书内容的发展丰富，已非某一个学科的知识所能涵盖。而今天的史学的范围和视野已远非传统史学可比，自20世纪初西方“新史学”诞生以后，史学研究已大大突破了传统史学的框框，由原来注重研究政治军事史，扩大到研究人类社会生活的一切方面，包括心理、性格等，强调历史的综合研究、“总体史的研究”。二、在研究方法上，当代历史学强调进行跨学科的综合研究，因为光靠历史学本身的知识已解决不了历史研究的所有问题，必须结合其他学科如社会学、生物学、物理学、信息学等进行综合研究。方志的综合性这一特点不仅不能成为它脱离史学范畴的依据，反而是很好地体现了现代史学发展的趋势，并说明了要编好一部志书，必须吸纳来自各个学科的人才，只有进行跨学科的研究，才能修出一部传之千秋的名志。①

为什么历代很多人认为地方志属于历史学科呢？林衍经认为：“史志共向发展中这些历史关联，对史志界形成志归史类、志属史学范畴的观念，产生了强烈的深刻影响，这种影响不但在讨论方志性质的论著中有明显的反应，新旧史学史著作，也无不包容了方志史的内容。”② 另，《中国地方志综览：1949—1987》一书在总结志属史的原因时强调：“坚持史书说者的理由有三：一是方志的作用与史书类同；二是方志发展受史学观点、史学理论的影响极大，甚至彼此相通；三是古今都有不少史学家同时也是方志学家。”③

---

① 沈松平：《方志性质再探》，《新疆地方志》，2006年第3期。

② 林衍经：《史志关系论》，《中国地方志》，1994年第3期。

③ 来新夏主编：《中国地方志综览：1949—1987》，黄山书社，1988年版，第107页。

四、“史、地折中”说

地方志是亦地亦史之书的观点主要产生于民国时期。此一时期的方志学家和学者大多认为方志不仅以空间地域为限，具有地理性，而且以一定时间为限，具有明显的历史性，方志已融合地理、历史两种学科的特点。朱士嘉认为，方志“不外一方地理之沿革，疆域之广袤，政治之消长，经济之隆替，人物之臧否，风俗之良窳，文化之盛衰，遗献之多寡，以及其地之逸闻轶事，盖无异一有组织之地方历史与人文地理也。书之关系一方者，统称志”。①

综观民国年间的方志界，持此一主张最为著名的学者当属黎锦熙。他认为：“方志为物，史地两性，兼而有之。惟是兼而未合，混而未融。今立两标，实明一义。即方志者……一、地志之历史化……二、历史之地理化”②。之后，于乃仁亦说：“方志者，以地方为单位之历史与地理也。起源昉自成周，初因地理书演变而成。至宋增人物艺文，体例渐备。”③ 傅振伦也说方志：“为记述一域地理及史事之书。”④ 台湾学者李宗侗在其《中国史学史》一书中写到：“自北宋之初，地方史与地方地理方始合流，成为地方图经，后又称为地方志……故谓两种合流始于北宋似乎不太误。”⑤

近代以后，“史、地折中”说亦有所发展。仓修良认为：“方志的性质是‘亦地亦史’的著作，即既有史书记载内容，又有地理著作的性质，特别是前期，后者性质更为明显。”⑥ 宋挺生的观点是：“地方志简称方志，它不同于一般的历史书，又不同于一般的地理书，乃是综合记述一个地区自然面貌和人文历史全面情况。”⑦ 王燕玉则认为：“地方志与地方史、地理志不同，是囊括载记一区域的自然社会全貌者，可以包

---

① 朱士嘉：《朱士嘉方志文集》，北京燕山出版社，1991 年版，第 44 ～ 45 页。

② 黎锦熙：《方志今议》，中国展望出版社，1982 年版，第 3 ～ 4 页。

③ 于乃仁：《方志学述略》，《建国学术》，1942 年第 1 期。

④ 傅振伦：《中国方志学通论》，商务印书馆，1935 年版，第 9 页。

⑤ 来新夏主编：《中国地方志综览：1949—1987》，黄山书社，1988 年版，第 382 页。

⑥ 仓修良：《方志的起源和性质》，《安徽史志通讯》，1982 年第 4 期。

⑦ 宋挺生：《从我国的地方志谈我省的地方志书》，中国地方史志协会编：《中国地方史志论丛》，中华书局，1984 年版，第 495 页。

含地理志、地方史”。[①] 骆兆平指出：“地方志就是我国古代特有的地区史地著作。”[②]

五、“资料性著述”说

“地方志乃资料性著述”的观点在学术界有很大的影响力。宋永平认为：“方志是全面系统记述一方自然、社会的历史和现状的资料性著述。”[③] 丁一认为地方志是“由地方行政部门（或由其组织）编纂，全面、系统记述地情的资料书。”[④] 程慧提出：“由地方各级政府组织编纂，记述特定行政区划内自然与社会的历史与现状的资料性文献。”[⑤] 来新夏认为：“方志是记载一地区自然、历史、地理、社会、经济和文化纵横各方面的情况和资料的一种著述体裁；是对地方情况进行综合性反映的百科全书；是撰述历史借以取材的资料宝库之一。”[⑥] 梁滨久亦提出：“地方志是记述一个地方（行政区划）的自然与社会的历史和现状的资料性著述。”[⑦] 胡巧利在定义现代方志时，认为：“地方志是以独特体例反映一地自然、社会的历史和现状的资料性著述。”[⑧] 此外，持相同观点的还有金达迈、刘乾昌、苏长春、张景孔、欧阳发、贠创生、范洪涛、孙其海等。[⑨] 孟庆斌虽赞成著述说，认为“志书是建立在丰富资料基础上的著

① 王燕玉：《方志刍议》，中国地方史志协会编：《中国地方史志论丛》，中华书局，1984年版，第75页。

② 骆兆平：《谈天一阁藏明代地方志》，中国地方史志协会编：《中国地方史志论丛》，中华书局，1984年版，第392页。

③ 宋永平：《试谈方志的宏观与微观记述》，《福建史志》，1992年第4期。

④ 丁一：《谈地方志的几个基本问题》，《广西地方志》，1999年第2期。

⑤ 中国地方志指导小组办公室：《方志性质研讨会纪要》，《中国地方志》，2005年第1期。

⑥ 来新夏：《略论地方志的研究状况与趋势》，中国地方史志协会编：《中国地方史志论丛》，中华书局，1984年版，第357页。

⑦ 梁滨久：《新方志学理论的基石》，《方志研究》，1992年第5期。

⑧ 胡巧利：《对地方志定义等基本问题的思考》，《中国地方志》，2005年第1期。

⑨ 金迈达：《方志文体研究》，上海人民出版社，1991年版，第1页。刘乾昌：《方志论文集》，山东人民出版社，1991年版，第57页。苏长春：《增强志书的著述性是提高志书质量的重要课题》，《中国地方志》，1992年第6期。张景孔：《新编志书的观点及其表述——评〈石泉县志〉的记述方法》，《陕西地方志》，1993年第5～6期。贠创生：《新方志编纂研究与实践》，山西人民出版社，1993年版，第97页。欧阳发：《关于方志及方志工作的思考》，欧阳发、何静恒主编《方志研究与评论》，方志出版社，1995年版，第194页。范洪涛：《方志是资料性科学著述》，《中国地方志》，2000年第1期。孙其海：《方志学基础教程》，中华书局，2000年版，第1页。

述"[①]，但主张去掉"资料性"，因为此"资料性"容易将方志性质导向"资料"，从而降低方志的学术地位和价值。

与"资料性著述"观点相类似的观点还有"百科全书"说，"总览"说，"文献"说，"资料书"说等。如黄苇认为："方志乃一方古今总览。"[②]董一博强调："中国的地方志是一个地方性的百科资料宝库。"[③]魏桥认为："方志，又称地方志，是记载一个地方自然、社会各方面情况的典籍，被称为'一方之全史'、'地方百科全书'。"[④]黄炯旋认为："地方志，简称方志，是记载一地政治、军事、经济、文化等各方面情况的文献。"[⑤]方志学家朱士嘉也称方志为"综合著述；等于地方百科全书"[⑥]。董必武在指导湖北修志时提出："地方志要成为这个地区的百科全书。"[⑦]1986年12月，胡乔木在全国地方志第一次工作会议上讲道："我们编出来的书是一部朴实的、严谨的、科学的资料汇集；地方志是严肃的科学的资料书。"[⑧]管见所及，认为方志为"资料书"的学者还有卢中岳、仓修良、梁耀武等。[⑨]

在所有持"方志为资料性著述"这一观点的学者中，最具代表性的是邸富生和方致。二人在《试论方志的起源、性质和作用》一文中认为："方志，是关于一定地域内的以现实为主的自然和社会具体情况的系统的资料性著述。"[⑩]接下来，对"资料性著述"前的所有定语进行了逐一论证：首先是"一定地域内的"，这里指的是它在空间范围上有一定的限定，此范围大体按照行政区划的范围来标明。其次是"以现实为主的自然和社会具体情况的"，这里是指它所反映对象的具体方面。方志所反映的内容，并不是自然界与社会等所有方面的联系与过程。它反映的是自然界与社会的具体情

---

① 孟庆斌：《方志资料性浅议》，《中国地方志》，2001年第1～2期。

② 黄苇：《章学诚方志理论研究》，《方志论集》，浙江人民出版社，1983年版，第152页。

③ 董一博：《要重视编修新方志》，《人民日报》，1982年8月23日。

④ 魏桥：《谈我省修志工作中的几个关系》，中国地方史志协会编：《中国地方史志论丛》，中华书局，1984年版，第516页。

⑤ 黄炯旋：《谈谈广东的地方志》，中国地方史志协会编：《中国地方史志论丛》，第476页。

⑥ 朱士嘉：《谈谈地方志中的几个问题》，《中国地方史志通讯》，1981年第2期。

⑦ 转引自黄苇：《中国地方志词典》，黄山书社，1986年版，第749页。

⑧ 胡乔木：《胡乔木文集》第三卷，人民出版社，1994年版，第234页。

⑨ 详见卢中岳：《地方志史话》，《人民日报》，1961年11月19日；仓修良：《章学诚和方志学》，《江海学刊》，1962年第5期；梁耀武：《论地方志是一方资料全书》，《玉溪地方志通讯》，1985年第3期。

⑩ 邸富生、方致：《试论方志的起源、性质和作用》，《河北师范大学学报》，1985年第3期。

况，这些情况是具体的，而不是抽象的东西。是经过人为加工过的，而非不加选择的堆积。然后是“现实的”，“现实”是指方志对对象的记述是以它的现状为主，这是由它的连续性所决定的。过去的事，由过去的志书来记载，新旧志书有前后继承关系，无须全盘推倒重来。最后是“系统的资料性著述”，“系统”是因为方志是按照一定的指导思想、一定的方针宗旨，进行过编排取舍和深思熟虑后，做成的系统性材料。这里隐藏着编者的创造性劳动，而不是简单的资料汇编。总之，它属于著述。

六、当代方志性质其他重要说法

除了以上诸说外，学界、政界对方志性质的其他观点仍然有不少。随着方志性质研究的持续深入，人们的认识不断加深，后出之论不断地细化和深化，很难将其归入某一类具有鲜明特征的观点之中。

明清时期就有学者不拘一格，提出方志为政书的观点。如明代林魁就认为：“志者，言治之书也。”① 清代大臣李奉翰也说：“志者，固辅治之书也。”② 当代人亦有类似的观点，比如于希贤就明确提出“方志为政书”③ 的观点，他认为编修地方志的主要目的就在于供地方官施政参考。

对于之前的论说，吴天骥既不赞成“方志属地理”，也不赞成“方志为国史羽翼”。他根据现代学科划分理论，认为：“方志以一地区之整体为调查研究对象，涉及自然科学和社会科学的多种学科，因此，属于社会学。”④ 与之观点相类似的，当属李殿元。李殿元在对其他学者批判继承的基础上提出：“方志是按照界定范围，采用特殊体例，编著古今自然、社会、人文等方方面面的真实资料，从而客观体现人与自然的关系，经济、政治、文化动态，人民群众生产生活及社会活动状况等社会情势的社会学专著。简单说，方志是以编著资料体现一方社会情势的专著。编著是手段，体现社会情势是目的。再简单说，方志是一方社情专著或地方社会学专著，也就是说，方

① 〔明〕林魁：《龙溪县志序》，《天一阁藏明代方志选刊·龙溪县志》，中华书局，1965年版，第1页。
② 〔清〕李奉翰：《永平府志序》，转引自黄苇主编：《中国地方志词典》，黄山书社，1986年版，第375页。
③ 于希贤：《试论中国方志学的一些基本理论问题》，《云南地方志通讯》，1985年第1期。
④ 吴天骥：《论方志的性质、体例及编纂》，《江海学刊》，1982年第4期。

志是关于地情的社会学问。”[①]

也有学者认为方志是信息全书，因为在他们看来：“方志是一地综合信息的载体，方志编写过程中对资料的搜集、审核、分类、编撰，便是对信息的搜集和处理；而方志的出版发行，则是对信息的储存和传输。”[②]

李铁映在第三次全国地方志工作会议上的讲话中提到：“新修地方志是一种特殊体例的著述，是汇集我国各地自然、人文、社会、经济的历史和现状的全面、系统、准确的国情书、地情书。”[③]刘以发有同样的认识，他认为“方志是分类编著的地情书”[④]。何萍则说：“方志是官修的地情书。”[⑤]

吴奈夫更是提出：“今天编纂的社会主义新方志，其记述内容已远远超越了现代史学和地理学的范畴，而与数十门学科相关联，它已成为一门独立的综合性的学科。”[⑥]

韩章训独创一说，提出：“地方志是中国特有的公益性文化，实际上是中国的一门国学。”[⑦]

在方志性质的研究中，修志一线的地方志专家可以说是最有发言权的。他们在编纂方志的实践过程中，对方志的性质有着独到的总结体会。这其中，最有影响力的当属王晖和梅森。下面对二者的相关论点进行概述：

王晖运用定性与定量相结合的研究方法，通过 21 项[⑧]定量分析来确定方志的性质。当然，他同时也强调不是所有的方志都必须有这 21 项内容，这 21 项量化指标是相对于所有方志而言的。在此基础上，王晖提出了他认为较为全面的方志性质定义，即“方志是记述地方古今各个方面或某一方面情况的科学文献，它既是纵述历史的地

---

① 李殿元：《关于方志性质的再探讨》，《中国地方志》，2006 年第 7 期。

② 详见来新夏主编：《中国地方志综览：1949—1987》，黄山书社，1988 年版，第 108 页。

③ 李铁映：《在全国地方志第三次工作会议上的讲话》，《沧桑》，2002 年第 4 期。

④ 刘以发：《方志定义论》，《云南史志》，1998 年第 1 期。

⑤ 何萍：《也谈地方志是什么书——兼同资料书说商榷》，《中国地方志》，1998 年第 5 期。

⑥ 吴奈夫：《新方志编纂学》，江苏科学技术出版社，1991 年版，第 73 页。

⑦ 中国地方志指导小组办公室：《方志性质研讨会纪要》，《中国地方志》，2005 年第 1 期。

⑧ 这 21 项内容分别是：空间上包括，1. 行政区域；2. 自然实体；3. 社会实体；4. 建筑物体；时间上包括，5. 上溯时期；6. 上限时期；7. 下限时期；结构上包括，8. 总志；9. 专志；内容上包括，10. 要反映事物情形状况；质量上包括，11. 观点正确；12. 资料翔实；13. 体例完备；14. 特点突出；15. 文风端正；16. 声像并茂；编纂上包括，17. 零次性文献；18. 一次性文献；19. 二次性文献；20. 三次性文献；21. 四次性文献。

方史书，又是横陈现状的地方百科全书，故有一方之全史之称”①。

王晖对方志性质的认识并不是固定不变的，而是他本人对自己观点的批判扬弃和与方志学界其他同仁共同商讨的结果。王晖首次提出该观点的雏形是在1989年召开的中国地方志协会第四次学术年会上，他所提出的方志性质定义为：“方志是记述地方古今各个方面或某一方面情况的科学文献，它既是概括一地自然和社会发展过程的地方史书，也是汇集一方基本情况和系统资料的地方百科全书。”②此定义一经推出，迅速引起方志界的广泛好评，并成为当年学术年会公认的三大成果之一。而在此之后，因为其他学者对该定义的后两句有疑义，所以又对定义进行了修订，将其后两句的“现象性定义”改为：“它既是纵述历史的地方史书，又是横陈现状的地方百科全书。”③这次修订后的定义甚至被一些人称之为方志性质的“50字定义”，足见其影响力。影响力的背后是方志学界对这一定义的持续关注和商榷讨论，为此王晖特将提问者的质疑和自己的答复集结为《方志性质辩论》④一书。在第三次修订也是最后一次修订中，王晖在“百科全书”之后，加上了“故有一方之全史之称”。对此，他解释道：“作为方志性质的逻辑定义，它要求定义的种差直接揭示本质内涵，定义的属概念是同属的大概念，而不是被定义项的本身和相近事物名称的比喻，所以章学诚‘方志乃一方全史’的史书概念不能直接援引为方志本质定义，只能当作现象性补充定义。”⑤

梅森则认为，方志的性质是随着社会的发展而发展变化的。社会的发展势必带来方志的内容、体例更加宽泛，遂决定着方志的性质概念的不断宽泛。宽泛的方志性质观和多元的方志体例是当今社会对地方志工作的需要。为了印证他的论点，梅森分别从三大方面加以论述：

一、用发展的观点看待方志的性质，方志性质观内涵逐渐向宽泛发展。方志的性质自古以来不是一成不变的，而是伴随着社会的发展进步而不断变化的。社会的内容决定方志的内容，方志的内容决定方志的体例（体裁形式），方志的体例决定方志

---

① 王晖：《方志性质、特征和文献属性》，《广西地方志》，2004年第1期。

② 《中国地方志协会1989年学术年会纪要》，《中国地方志》，1990年第2期。

③ 王晖：《论方志性质》，《中国地方志》，1990年第1期。

④ 详见王晖主编：《方志性质辩论》，黄山书社，1995年版。

⑤ 王晖：《四论方志性质与特征》，《中国地方志》，2005年第1期。

的性质。方志性质的演变是随着社会的发展水平，社会的内容不断丰富，不断由简单到复杂的，方志的体例、方志的性质随之演变。

二、从近现代以来和当今的各学科发展趋势看，各学科在不断交融，学科性质特征不断地互相重叠，学科的特殊性在减弱。今天的地方志除继续强调资料性外，同时注意了著述性，可见学科间的交融和重叠。因此，今天要用“整齐切割”的方式去为地方志性质进行界定几乎是不可能的，今天方志性质的界定应该与其他学科一样，趋于宽泛，各自从本学科出发，无须一味地去寻求特殊性，非去找出与其他学科的不同不可。

三、今天地方志的性质是记录地情的综合性文献，因为这一观点可以容纳 20 世纪 80 年代以来的方志性质的各种提法。记录地情是方志事业的目的，地情指一方之情况。综合一词指把原始的一次文献（另加征集资料和采风）综合加工成二次性文献——地方志。

由此，梅森最后得出的方志性质结论为，“方志是时空性多学科、多专业的历史和具有系统资料的科学文献”。[①]

结 语

关于方志性质的论争，古已有之。如以 18 世纪戴、章之争为分水岭的话，那此后方志学界对方志性质的讨论有愈演愈烈的趋势。本文以 18 世纪以来的方志性质讨论作为研究对象，梳理并分析乾嘉以来方志性质的发展大势。另外，本文还借用了长时段的视角审视了 18 世纪前后方志性质的论争，得出以下结论：

一、在中国传统社会，方志性质由早期“重地”向后期“重史”转化。通过前文我们知道，早期方志尤其是唐宋以前的方志，多以地记、图经等形式出现，记载的内容大多偏向于自然地理和疆域变迁。如《元和郡县图志》《舆地广记》等都是这个时期的典型代表方志。戴震等学者之所以秉持方志“重地”说的观点，一个很重要的原

① 梅森：《方志性质宽泛性和学科间交融性的发展趋势浅议》，《中国地方志》，2005 年第 1 期。

因是因为他们本身是研究地理学出身的。譬如戴震是以研究《水经注》而著称的。而晚近出现的地方志中，人的活动、以“人”为中心的历史占据了方志的大量篇幅。章学诚作为历史学家，当仁不让地会强调方志“重史”说。除此之外，通过上文会发现现代学者认为志书为史书的观点依然大行其道。如前文所述及，曹建英认为“志书是一种特殊的史学”，沈松平则认为“从综合性著作和强调跨学科综合研究两大特点来看，志书完全与史学相暗合”。而反观方志“重地”说，会发现现当代学者的相关论述几乎绝迹。两相比较，不难看出方志性质有一个从“重地”说向“重史”说的转变。

二、地方志的“地域性”与“时段性”是其方志性质不可或缺的部分。对于方志的地域性和时间断限，它既是方志的特征也是其重要的性质。因为有地域范围的限制，所以本地方志只能记载本地的人或事，它不能“越境而书”。因为有明确的时间断限，所以方志大多“详今而略古”。

三、方志作为综合性资料，其性质是随着社会的发展变化而不断变化的，它是特定地域、特定时段的产物。方志不属于现代意义上的任何单一学科，不管是历史、地理，还是行政管理学、信息学和社会学，都不能笼统地将方志纳入自身的学科体系。哪怕回到戴、章论争的语境之中，仍不能狭隘地对方志进行简单的派别划分。既然不属于任何单一学科，那么随着方志性质研究的不断深入，人们逐渐意识到方志乃一方资料性著述。尤其是20世纪八九十年代以来，持相同或类似的观点不断涌现，成为大家所公认的方志性质。

方志随着时代的变化而变化。纵览方志在中国的千年发展史，会发现，早期方志记载的内容以自然地理和疆域变迁为主。唐宋时期及其以后，因为商品经济的繁荣和对自然社会认识的加深，人物传记、科举财赋等人文内容逐渐替代了自然地理而占据上风。到了晚近时期，随着新兴事物的出现和人们观念的变迁，方志所撰述的内容也随着变化。当然，方志内容的改变定会造成方志性质的相应变化。

Mount. Tianzhu Donated-farmland Case Recorded in *Changtai County Annals* of Qianlong Dynasty——Analysis from the Perspective of Historical Anthropology

乾隆《长泰县志》记载的天柱山香灯田案
——从历史人类学角度的剖析

刘　涛[1]
Liu Tao

内容摘要

自明正德年间案发至万历中叶终审判决的长泰天柱山香灯田案，从历史人类学角度来剖析，不仅仅是势力阶层与寺庙之间普通的诉讼案，而是与八十余载的社会变迁有关，是在漳州月港发展这一历史背景下原告、被告、判官三方博弈的产物。康熙《长泰县志》对此案件的记载仅见端倪，至乾隆《长泰县志》方全面披露这一案件变迁的历史情境，对深入剖析案件有着不可忽视的作用。

关键词

香灯田案　康熙《长泰县志》　乾隆《长泰县志》　历史人类学

Abstract

From the perspective of historical anthropology, the Changtai Mount. Tianzhu Donated-farmland Case, which occurre in the Ming Zhengde period and got the final judgment in the mid-term of the Wanli period, is not only an ordinary lawsuit between the power class and the temple, but concerned with more than 80 years of social change. Under the historical background of the development of Yuegang Port in Zhangzhou, it is the product of the three parties' game of the plaintiff, the defendant and the judge. *Changtai County Annals* of Kangxi dynasty records only the clues to this case, and *Changtai County Annals* of Qianlong dynasty records only fully disclose the historical situation of this case, which has a negligible effect on the in-depth analysis of this case.

Key words

Donated-farmland Case　*Changtai County Annals* of Kangxi dynasty　*Changtai County Annals* of Qianlong dynasty　historical anthropology

---

① 刘涛，1985年生，福建漳平人，大学学历，福建省闽南文化研究会会员、长泰县政协文史委文史员。研究方向为地方文史研究与旅游文化管理。

◎ 乾隆《长泰县志》天柱山古地图

关于旧志研究，前人已有丰硕成果，却缺乏相关案例[①]。基于闽南佛教名山长泰天柱山是世界大航海时代经漳州月港前往“东西洋”的华侨信仰中心，其香灯田案曾影响海内外，蕴含的独具特色海洋历史文化内涵却长期未受到应有的关注。本文在搜集、整理新旧方志、明实录、族谱、碑铭、民间故事等资料基础上，运用历史人类学的研究方法，视旧志记载为史料，从文本变迁中揭示案件背后的历史情境。以此推动旧志研究，促进中国地方志在海内外的影响，更好地传承与发展中华优秀传统文化。

① 本文参考了郑振满：《碑铭研究》，社会科学文献出版社，2014 年版；厦门大学历史系朱勤滨采访整理：《海洋史学与“一带一路”——访杨国桢教授》，《中国史研究动态》，2017 年第 3 期，第 44 ～ 50 页；林国平：《古月港地区神明信仰风俗之我见》，龙海：龙海网，2015 年 11 月 17 日；福建省地方志编纂委员会编：《福建省志·华侨志》，福建人民出版社，1992 年版；刘涛：《月港时期漳州的奇闻趣事》，《闽南日报》第 10 版《文化走廊》，2018 年 4 月 3 日。

一、香灯田案概述

乾隆十五年（1750）《长泰县志》首次全面披露了天柱山香灯田案始末，意义重大，兹移录全文如下：

万历三十二年，管公捐资令僧普辉重修，清出岩田一十九亩，坐竹丝庵上下。庵倒，埒香炉峰半岭、风动石等处，配升科米一石八斗。山畲坐棕仔坑、金刚湖、斑鸠飞等处杂仓，配民米二斗二升五合五勺，拨入报亲院甲下（俱申道批允，申文附后）。又清郑智穹大寨埔田三段计种七斗，棕仔坑、带下石、班坑、后溪仔、鹧鸪崁田种共一石七斗。庄怀岳枧头仓畲地种一石，原系杨树夫、魏良，退还。另官捐银十五两，给智穹领七两，给怀岳领田，给僧焚修。申道批允批语见《学田》内：长泰县为严查遗业以复香祀事。

万历三十二年十月十三日，蒙督粮道、福建布政司右参政高批：据本县申详，天柱岩田山请科给帖掌管等缘由，蒙批：寺田之淹没不知几矣！该县今所清查者，一一如议，给帖掌管，悉照行缴，依蒙案查本县钦化里有天柱岩一所，志载名山漳南胜概，旧管田种四顷九十余亩带米三十四石六斗零，原当本里十甲里班。正德年间，被里班戴克玄等谋废年久，今不可考，只存香灯田二十亩一分三厘，带米一石四斗。嘉靖三年，坊民戴湖用银二十两府告官买概掌。三十九年，前任萧知县查究给贴付僧法音主持。未几时，戴廷拱又假捏官贴占掌。万历二十一年，蒙本府推官龙，奉文清查寺业，拘廷拱到官审究，断将原买香灯田亩，每亩加增银一两五钱，共追银三十两，申允充学公用。仍查僧普正就于本山界内，用工垦有山田十亩二分，并山畲十仓，在本馆给帖付照，掌管焚修。讵廷拱鲸吞复占。僧普正具词府告，批委周经历偏听，只断四亩五分还僧普正，实耕地二亩四分。余四亩三分廷拱又盗卖于叔戴涌，价银一十六两。夫焚修寺业，闻有施入者矣！未闻有旋夺旋复，旋复又旋夺，如势豪廷拱之霸占者。今本县清查戴廷杏，将本岩竹丝庵田三亩五分，退还焚修。余香炉峰半岭田四亩三分，责令廷拱备份取赎，戴涌当官领银推状在案。再查新垦田畲，开垦尚多，向为无征之产。故势豪得以假捏混夺。兹值大造，复委老人张标等重丈，四至界内，新垦田九亩有奇，应将前项山田十亩二分，再加九亩二分，共计一十九亩四分。以下，则折算该应升科今没官米一石八斗四升。另本岩界内山畲十仑垦地六亩，以下则折算应升民米二斗八合五勺。又查夺县城南五里许，旧有亭基，系往来要地，本县捐俸官买本里民胡天载等亭边园地三亩，募建岩宇。原带民米二斗八合五勺似难除豁。应就山畲垦地，除升米抵补五里亭悬米二斗八合五勺外，与升今没官米一石八斗四升，发局收入在坊报亲院甲下，寄庄阿户，派纳粮差。行据僧会司仁嵩等佥择，僧普会原出本山，素有戒行，即令同徒僧通敏前来焚修，仍田畲至界勒石示禁，给帖管业。庶有征之业，豪滑不得垂涎，而修行之僧亦有所据以住持矣！蒙府批，据县清初田若干立界给帖，俾日后不致湮没计，此田当与此寺共永矣！

通过梳理可知该案缘起明正德年间，初审于嘉靖三十九年（1560），再审于万历二十一年（1593），终审于万历三十二年（1604）。

（一）案件的四阶段

按福建督粮道高从礼所作香灯田终审判决批文："正德年间，被里班戴克玄等谋废年久"①，由"正德十三年，令，朱弦，废，筑城，苗米散入买户"②，可知案发正德十三年（1518）。

从"里班戴克玄"、天柱岩属"钦化里十甲"、天柱山碑铭"江阴知县戴大槐"及其原籍钦化里，为其里甲户名。

① 〔清〕张懋建修，赖翰颙纂：乾隆《长泰县志》卷十二《杂志·岩院·天柱岩》，成文出版社，1975 年影印本，第 808 页。

② 〔明〕罗青霄修：万历《漳州府志》卷二十四《长泰县下·宫庙·天柱岩》，《明代方志选（三）》，万历元年（1573）刊刻本，第 518 页。

在“得赎锾者鬻官地、寺田得输”[1]政策下，围绕“兹山为景最多”[2]，以“有力之家”[3]援引同姓“考功戴君时宗”及其父“知县戴君昀”、岳父“教授刘君刘镃”以及“戴同吉”[4]参与长泰知县朱弦重修城墙而得。

◎ 长泰天柱山《管公重新天柱岩碑》

（二）案件的被告

按《管公重新天柱岩碑》：“兵部尚书戴燿、江西副使戴爆、潞州照磨戴札、江阴知县戴大槐，主缘：官生戴塘、戴城，奉人：戴熺、戴榜、戴瑛、戴熇”[5]10名戴姓占36名立碑名单中单姓比例最大者。结合上述修城名单，发现戴昀为戴时宗之父[6]，戴廷杏为戴时宗的长房次孙[7]，戴燿、戴熺、戴熇为戴昀玄孙，戴时宗侄曾孙。戴塘、戴城为戴燿之子。戴爆为戴时宗曾孙。戴榜是戴同吉五世孙。戴瑛见载族谱。

戴湖，按“嘉靖二十四年闰正月甲

---

① 〔明〕林魁：《长泰县朱侯筑城记（正德庚辰）》，〔清〕王珏修：康熙《长泰县志》卷九《艺文志》，康熙二十六年（1687）刻本，第4页。按，“正德庚辰”即正德十五年（1520）。

② 〔明〕陈洪谟修，中国人民政治协商会议福建省漳州市委员会整理：正德《大明漳州府志》上册，卷七《山川志·长泰县·天柱岩山》，厦门大学出版社，2012年版，第425页。

③ 〔明〕朱弦：《碑阴》，〔清〕王珏修：康熙《长泰县志》卷九《艺文志》，康熙二十六年（1687）刻本，第6页。

④ 〔明〕朱弦：《碑阴》，〔清〕王珏修：康熙《长泰县志》卷九《艺文志》，康熙二十六年（1687）刻本，第5～6页。按：刘镃，〔明〕戴时宗：《明钦登仕佐郎、桂林府教授刘公墓志铭》，长泰县戴氏族谱编委会编：《长泰县戴氏族谱》第一册，1996年，第38～39页。戴同吉，永乐二年（1404）进士，为长泰戴族进士之始，至正德十三年已历114年。按，未见其百岁记载，可知其为里甲户名。

⑤ 笔者2018年1月12日田野考察所抄碑铭。

⑥ 〔明〕嘉靖《长泰县志》，《人物·乡贤·戴时宗》，《天一阁明代方志选刊续编》（38），上海书店出版社，1990年版，第860页。按，嘉靖年间长泰县志有二部，由该志载有戴时宗传，按照“生不立传”原则及戴时宗卒年1558年，可知该志应为嘉靖戊午（1588）志。

⑦ 长泰县戴氏族谱编委会编：《长泰县戴氏族谱》第一册，1996年，第230页。

申，先是都御史戴时宗以子湖，抑夺乡人田产为怨家所奏，有旨令回籍听勘”[1]，可知戴湖为戴时宗之子。

戴时宗除长子戴钟为“金”字旁外，其余三子均以“水”字旁取名[2]。嘉靖三年（1524），戴时宗四子唯独戴钟成年，可知其即“戴湖”。其“府告官买概掌”是从戴克玄户购买香灯田产权。源于戴时宗在天柱山题诗[3]心生向往。嘉靖二十四年（1545），因涉案以军籍[4]出身，改名“纳授漳州卫”[5]服兵役。

戴湖长子“明穆宗时任湖北襄阳府经历，升楚雄卫经历”[6]，次子戴廷杏“万历间援例”[7]乡居经营。按，戴廷杏“卒于明万历二十六年戊戌（1598）……生一子讳烨”[8]，可知万历三十二年（1604）清理香灯田，其已卒6年。由戴烨“明穆宗隆庆三年己巳（1569）生，明神宗万历三十七年（1609）己酉中式举人，万历四十七年（1619）己未庄际昌榜进士”[9]，可知其时36岁，3年后中举，批文之“戴廷杏”实为里甲户名。戴烨为参加科举考试，有意避开立碑，因进士出身，县志为避尊者讳而未指出。

戴廷拱，据其叔戴涌曾以生员身份请卢岐嶷作记[10]，戴涌为戴时宗族侄，戴廷拱与戴廷杏同辈。长泰县嘉靖三十八年至四十年（1559—1561）受“倭寇”侵扰[11]，出于抗倭需要清查土地，戴廷拱借此“假捏官贴占掌”，见戴涌具功名身份进行转卖，实则转移财产。

---

① 台湾“中研院”历史语言研究所校勘：《明世宗嘉靖肃皇帝实录》，《大明世宗肃皇帝实录》卷二百九十五，1962年影印本，第5641页。

② 长泰县戴氏族谱编委会编：《长泰县戴氏族谱》第一册，1996年，第227～229页。

③ 〔明〕戴时宗：《天柱山》，〔清〕王珏修：康熙《长泰县志》卷九《艺文志》，康熙二十六年（1687）刻本，第73～74页；该诗至〔清〕张懋建修，赖翰颙纂：乾隆《长泰县志》卷十一《艺文志》改题《游天柱石洞》，成文出版社，1975年影印本，第760～761页。

④ 屈万里编：《明清历科进士题名碑录》第二册《明正德九年进士题名碑录（甲戌科）》，华文书局，1969年影印，第571页。

⑤ 长泰县戴氏族谱编委会编：《长泰县戴氏族谱》第一册，1996年，第228页。

⑥ 长泰县戴氏族谱编委会编：《长泰县戴氏族谱》第一册，1996年，第230页。

⑦ 〔清〕张懋建修，赖翰颙纂：乾隆《长泰县志》卷八《选举》，成文出版社，1975年影印本，第429页。

⑧ 长泰县戴氏族谱编委会编：《长泰县戴氏族谱》第一册，1996年，第230页。

⑨ 长泰县戴氏族谱编委会编：《长泰县戴氏族谱》第一册，1996年，第230页。

⑩ 〔明〕卢岐嶷《石冈山底绩记》：有“戴生涌”，即戴涌，详〔清〕张懋建修，赖翰颙纂：乾隆《长泰县志》卷十一《艺文》，成文出版社，1975年影印本，第731页。据长泰县戴氏族谱编委会编：《长泰县戴氏族谱》第四册，1996年，第18页。按其册为“亨”字辈，故谱名“亨涌”，应以戴涌为是。

⑪ 〔清〕张懋建修，赖翰颙纂：乾隆《长泰县志》卷十二《杂志》，成文出版社，1975年影印本，第831～833页。

（三）天柱岩诉讼背景

天柱山继弘治庚戌（1490）扬名八闽[①]，既是“诸公多有题咏”之地，又是“县官祷雨辄应”之处。但最具代表的“天灯”奇观已被断定“不足为奇”，可见其时境遇[②]。至嘉靖三年（1524），戴湖买掌概，天柱岩无僧人出面表态，可见该岩仍处荒废。

嘉靖三十九年（1560），作为原告的法音。据天柱山居石洞《嘉靖庚申年重兴洞岩记》石刻，“嘉靖庚申”即嘉靖三十九年。其时为倭乱之后，基于民众精神需要，岩寺由此重兴，法音由此护产。

◎ 长泰天柱山天柱岩

万历二十一年（1593），对簿公堂的普正，基于地方官府“皇权下县”需要仰仗士绅，其时戴氏宗族多人为官，担心官官相护而挺身抗衡。

万历三十二年（1604），奉命重兴天柱岩的普辉，按其“原出本山”即在天柱岩出家，与普正为师兄弟。据卢岐嶷《重兴龙池岩记》：“万历庚辰，僧普辉重建，历五载而岩始完。”[③]“万历庚辰”即万历八年（1580）。龙池岩时属泉州府同安县（今属漳州市台商投资区龙池开发区），为闽南最早古刹。卢岐嶷为长泰籍名宦，曾题诗天柱山[④]，其

---

① 〔明〕黄仲昭修纂，福建省地方志编纂委员会旧志整理组与福建省图书馆特藏部整理：《八闽通志》卷八《地理·山川》，福建省人民出版社，1989 年版，第 148 ～ 149 页。

② 〔明〕陈洪谟修，中国人民政治协商会议福建省漳州市委员会整理：正德《大明漳州府志》上册，卷七《山川志·长泰县·天柱岩山》，厦门大学出版社，2012 年版，第 425 ～ 426 页。

③ 〔民国〕吴锡璜修纂：民国《同安县志》卷四《山川·龙池岩》，上海书店出版社编：《中国地方志集成·福建省府县志辑》，上海书店出版社，2000 年版，第 33 页。

④ 〔明〕卢岐嶷《游天柱石洞》，〔清〕王珏修：康熙《长泰县志》卷九《艺文志》，康熙二十六年（1687）刻本，第 74 页。

孙卢春蕙“尝读书山中”①，成为戴燿女婿②。卢岐嶷曾与山僧相识，又以桑梓士绅为旅居他乡的普辉勒石立碑。由林一材《管公重新天柱岩碑》：“适普辉来告岩竣工”，按，林一材为同安籍名宦，因同安人与普辉有故。引文“僧会司”，指长泰县僧会司。按，普辉，万历八年（1580）三十而立，由此逆推其生年为1551年，经历了天柱山佛寺重兴。

◎ 长泰天柱山居石洞

（四）审判方与被告的关系

正德十三年（1518），时任长泰知县朱弦。按，长泰威惠庙，“明嘉靖元年，令朱弦修。邑戴时宗有诗，见《艺文志》”③，虽未见此诗，仍可见二人交情。

嘉靖三年（1524），长泰知县欧典，因前任朱弦为名宦，有“萧规曹随”之意。按，戴时宗（1484—1558）④，正德九年（1514）进士，曾拦驾正德南巡。欧典由此顺水推舟。时任漳州知府詹莹，为戴时宗同科进士。

嘉靖三十九年（1560）断案的“萧知县”，即萧廷宣。按戴时宗曾“以邑城卑陋，赞令浚隍陴。戊午，倭果入寇，城坚不可攻，乃舍去。人服其先见”⑤，“戊午”即萧廷宣组织长泰县城保卫战的前一年（1558）。可见其与戴时宗有交集，其时戴时宗仍具

① 〔明〕杨莹钟《管侯兴复天柱山记》碑铭：“家季参和暨卢君启佩与不佞，俱尝读书山中”，由落款“门生卢春蕙”，可知“卢君启佩”即卢春蕙，笔者于2017年10月12日田野考察长泰天柱山一线泉记录。

② 长泰县陈巷镇雪美村杨氏族谱编委会：《陶塘洋世德堂西厝花坂洋杨氏族谱》：“乡科卢春蕙之外父原任两广戴凤岐”，长泰县图书馆藏，2001年版，第89～90页。

③ 〔清〕王珏修：康熙《长泰县志》卷二《建置志·威惠庙》，康熙二十六年（1687）刻本，第7页。

④ 〔清〕王珏修：康熙《长泰县志》卷二《建置志·威惠庙》，康熙二十六年（1687）刻本，第54页。

⑤ 〔清〕王珏修：康熙《长泰县志》卷二《建置志·威惠庙》，康熙二十六年（1687）刻本，第54页。

◎ 管橘关于天柱山香灯田所立《长泰县示》

一定影响。记述此次抗倭[1]的卢岐嶷，与俞大猷、谭纶齐名[2]。

万历二十一年（1593）的判官有二：一是“推官龙”，即漳州府推官龙文明，“万历十七年任”，“六载，升刑部主事”[3]，按其万历十七年（1589）进士，可知作为第一份工作而倍加努力。二是“周经历”，即福建按察司经历周廷栋[4]。其父周胤昌与戴燿齐名，同为嘉靖二十九年（1560）进士。

万历三十二年（1604）的判官有四：一是“管公”，即时任长泰知县管橘。“万历二十七年十二月十五日到任”[5]，万历三十三年（1605）升任大理寺评事。为万历二十三年（1595）进士，与到访山中的曹学佺为同科进士。二是作批语的“道”，即

---

① 〔清〕张懋建修，赖翰颙纂：乾隆《长泰县志》卷十二《杂志・兵燹》，成文出版社，1975年影印本，第831页。

② 〔明〕何乔远撰，厦门大学古籍整理研究所与历史系古籍整理研究室《闽书》校点组校点：《闽书》卷一百二十《英旧志・漳州府长泰县・卢岐嶷》，福建人民出版社，1995年版，第3613页。

③ 〔清〕沈定均修：光绪《漳州府志》卷二十四《宦绩二》，《中国地方志集成・福建府县志辑（29）》，上海书店出版社，2000年版，第181、506页。

④ 〔清〕陈寿祺等撰：同治《福建通志》第四册，卷九十六《明职官・总辖》，华文书局，1968年影印本，第1894页。

⑤ 〔清〕张懋建修，赖翰颙纂：乾隆《长泰县志》卷三《学校志・附：管橘公移》，成文出版社，1975年影印本，第157页。

"分守漳南道"沈一中，"万历三十一年任，升本省按察使"[①]。与参与《两邑管公生祠碑记》的张燮伯父张廷栋为万历八年（1580）同科进士。三是"漳州府"，即漳州知府方学龙，为龙文明同科进士。"万历三十年任，升本省副使"。由"福州知府移守漳州"，可知因外放地方而加倍努力。[②]四是批文的"高"，即高从礼，曾任福建按察使、右参政。作为戴燝万历十四年（1586）同科进士，做出终审判决，可见其阻力与不易。其"性精敏，案无留牍"[③]，戴氏宗族应有所闻。

二、康熙《长泰县志》的记述情况与相关因素

（一）康熙《长泰县志》的记载

比对乾隆《长泰县志》，康熙《长泰县志》仅载"一钦化里九段田，魏良盗卖多银，管橘申道、府批充送学为会课之费，不给价"[④]，仅见端倪却语焉不详。

（二）主纂的记述态度

该志主纂叶先登，有天柱山题诗[⑤]，对天柱山有一定了解。

按其明崇祯十二年（1639）中举，与天柱岩"奉人戴熻"之侄、明末修谱的戴实华为同科举人[⑥]。虽然后来叶先登参加了清政府的科举考试，但此时乡居，仍念旧情，对案件披露有所保留。

---

① 〔清〕沈定均修：光绪《漳州府志》卷十《秩官（二）》，《中国地方志集成·福建府县志辑（29）》，上海书店出版社，2000年版，第176页。

② 〔清〕沈定均修：光绪《漳州府志》卷十《秩官（二）》，《中国地方志集成·福建府县志辑（29）》，上海书店出版社，2000年版，第177页。

③ 〔清〕陈寿祺等撰：同治《福建通志》第四册，卷一百三十《明宦绩·总辖》，华文书局，1968年影印本，第2335页。

④ 〔清〕王珏修：康熙《长泰县志》卷三《学校志·学租》，康熙二十六年（1687）刻本，第11～12页。

⑤ 〔清〕叶先登《天柱云岩》，康熙《长泰县志》卷九《艺文志》，康熙二十六年（1687）刻本，第69～70页；《明代两广总督戴燿传》，《岭南学报》，1935年第四卷第1期，第51页。

⑥ 〔清〕张懋建修，赖翰颙纂：乾隆《长泰县志》卷八《选举志》，成文出版社，1975年影印本，第388页。

（三）未予详载的原因

按，参修该志有举人戴大集，为“康熙二十三年举人，熺之曾孙”。“熺”即戴熺。

据该志参修名单所示，戴姓有 4 名，人数最多，具有一定实力，应因被告宗族实力而未予详载。

三、乾隆《长泰县志》的记述情况与相关因素

（一）乾隆《长泰县志》的记载

乾隆《长泰县志》在康熙《长泰县志》记载的基础上，增加了香灯田案终审批文，从中揭示了香灯田案由来，并加以评论。

虽罗列了所有涉案人员，但未指出关键的戴时宗宗族，却有意按照时间顺序述及涉案人员，由此留下每一个年份均有戴姓人员涉案印象。

（二）看到了华侨信众的力量

“乾隆十二年，僧映霞，将狮岩故址，仍前募筑一座三间。”①“狮岩”即观音岩，厦门港自康熙二十三年（1684）取代漳州月港，乾隆十二年（1747）正处其繁荣发展时期。从天柱山现存自顺治戊子（1648）起古墓葬群，按墓主来自闽南著名侨乡漳州府龙溪县二十九都龙岱、上店（今漳州市台商投资区角美镇），可知兹山已成侨乡风水宝地，继承了原有的漳州月港“海客”信众。

该志主修张懋建从中看到了戴氏宗族有识之士、名扬海内外一代大德高僧、被奉为“万家生佛”名宦诸先贤在漳州月港繁荣发展的历史背景下，承前启后殊途同归推动香灯田的完璧归赵。

名门望族以天柱山“灵主”戴燝、“凡客登天柱山不问而知”的“主人”戴城为代表。

① 〔清〕张懋建修，赖翰颙纂：乾隆《长泰县志》卷十二《杂志·岩院·天柱岩》，成文出版社，1975 年影印本，第 808 页。

“视财利如粪土”[①]的戴燝通过分享“其里祀佛”[②]的隐居处栖霞室，使之与管橘捐俸兴建的观海楼成为“游者必资之处”[③]，先后四次折节为管橘勒石立碑，分享此前捐置王羲之故居佛寺香灯田[④]。以闽南“输人不输阵”传统，激发宗族精英为族众做出示范。

戴城“自为青翰”改良“不耐坐起”的漳州船满足“海客”需要[⑤]，提及航海广东省父获憨山德清禅师搭救[⑥]，分享憎恶“淫祀”[⑦]却以“主缘”身份皈依天柱岩。现身说

◎ 长泰天柱山观音岩

---

① 〔明〕何乔远撰，厦门大学古籍整理研究所与历史系古籍整理研究室《闽书》校点组校点：《闽书》卷一百二十《英旧志·漳州府长泰县·戴燝》，福建人民出版社，1995 年版，第 3610 页。

② 〔明〕曹学佺：《游天柱记》，〔清〕王珏修：康熙《长泰县志》卷九《艺文志》，康熙二十六年（1687）刻本，第 67 页。

③ 〔明〕曹学佺：《游天柱记》，〔清〕王珏修：康熙《长泰县志》卷三《学校志·学租》，康熙二十六年（1687）刻本，第 66 页。

④ 刘涛：《明代东南文坛名家戴燝年谱》，《闽台文化研究》，2018 年第 1 期，第 96 ～ 97 页。

⑤ 〔明〕张燮：《戴公子利藩墓志铭》，〔明〕张燮著，陈正统主编：《张燮集》第三册《群玉楼集》卷五十《墓志铭》，中华书局，2015 年版，第 853 页。

⑥ 〔明〕释德清撰：《憨山老人梦游全集》卷四十《憨山老人自序年谱实录（下）》，“（万历）二十八年庚子”条，清顺治十七年毛褒等刻本影印本，第 7 ～ 8 页。

⑦ 〔明〕张燮：《戴公子利藩墓志铭》，〔明〕张燮著，陈正统主编：《张燮集》第三册《群玉楼集》卷五十《墓志铭》，中华书局，2015 年版，第 854 页。

法增加僧人的良好印象，说明佛寺的神奇，以及天柱山的灵验。

普辉虽身在他乡，却心系“本山”。通过在闽南著名侨乡形成的声望，激发信众前往探寻其成长历程。由日日千百名的“俱他县人”“海客”[①]祈福人潮，以引起长泰籍精英反思。

管橘在捐俸兴建的观海楼多次组织海内外名士诗文聚会，并为作诗序[②]，营造海洋文学氛围，扩大海洋文化影响，对戴熺等人造成变革压力。从位高权重的戴燿入手，“独爱”其子戴塘、戴城[③]。从天柱山观音岩及其观音信仰出发，选择特殊地位的五里亭捐俸兴建善世岩，“飞地”置换香灯田[④]，通过引流香客，以兴建“生祠”，请原礼部官员何乔远撰写碑铭[⑤]，增进与戴熺、戴燿关系。

（三）张懋建的作用

该志主修、长泰知县张懋建围绕天柱山观音岩与家乡浙江镇海县曾管辖的普陀山法源关系[⑥]，在县志付梓之际到访观音岩“勒‘撑半壁天’四字”[⑦]。可见张懋建重视天柱山出于满足“海客”精神需求，也与清初以来长期存在的漳州龙溪、长泰二县土地纠纷问题[⑧]有关。

---

① 刘涛：《明代东南文坛名家戴熺年谱》，《闽台文化研究》，2018 年第 1 期，第 99 页。

② 〔清〕张懋建修，赖翰颙纂：乾隆《长泰县志》卷十一《艺文志》，成文出版社，1975 年影印本，第 765 ～ 784 页。

③ 〔明〕张燮：《戴公子利藩墓志铭》，〔明〕张燮著，陈正统主编：《张燮集》第三册《群玉楼集》卷五十《墓志铭》，中华书局，2015 年版，第 854 页。

④ 〔清〕张懋建修，赖翰颙纂：乾隆《长泰县志》卷十二《杂志・岩院・善世岩》，成文出版社，1975 年影印本，第 809 页。

⑤ 〔明〕何乔远：《游天柱记》，〔清〕王珏修：康熙《长泰县志》卷九《艺文志》，康熙二十六年（1687）刻本，第 63 ～ 64 页；〔明〕闵梦得修，中国人民政治协商会议漳州市委员会整理：万历癸丑《漳州府志》下册，卷三十六《艺文志（三）・记》，厦门大学出版社，2012 年版，第 2414 ～ 2418 页。

⑥ 按，普陀山“山海奇观”摩崖石刻为明代侯继高率陈九思等人题刻，侯继高为戴燿同僚，陈九思为戴燿部将陈璘之子。

⑦ 〔清〕张懋建修，赖翰颙纂：乾隆《长泰县志》卷十二《杂志・岩院・天柱岩》，成文出版社，1975 年影印本，第 808 页。

⑧ 《县令高士鹫轶事》，长泰民间文学集成编委会：《中国民间故事集成・福建卷・长泰县分卷》，1993 年，内部刊行，第 55 ～ 56 页。

结　语

综上所述，得出以下结论：

一、长泰天柱山香灯田案，不仅是明代福建经济史上的一大案件，也通过其华侨信众影响东南亚，在海外产生一定的影响。

二、在漳州月港繁荣发展的背景下，名门望族、大德高僧、名宦几经努力，最终得以圆满解决，从中可见漳州月港时期海洋群体的力量。

三、此案见证了成为状元故里 174 年①之地走向开市 37 年②的“海客”信仰中心的区域历史变迁，由此可见探究文本背后史实的重要性。

① 按，长泰县为明清时期漳州府唯一状元林震故里，林震于明宣德五年庚戌（1430）中状元，距万历三十二年（1604），历经 174 年。

② 按，明隆庆元年（1567），明朝批准漳州月港开“洋市”，距万历三十二年（1604），历经 37 年。

One of the Corrections of Origin of and Related Records about *Jingzhou Ji*, Written by Sheng Hongzhi and Edited by Wang Mo of the Qing Dynasty

清王谟辑本盛弘之《荆州记》佚文溯源及相关记载勘误之一①

刁美林②
Diao Meilin

内容摘要

南朝宋盛弘之撰《荆州记》为中国古代地记之佳作，约在唐宋时期即已亡佚。清人王谟曾对其进行辑佚，共得215条，录入《汉魏遗书钞》中，保存了难得的文献资料，价值较高。然笔者通过将其与引源原文及其他相关文献记载对比之后，发现辑本文本有诸多讹误之处，包括错辑、误辑、衍辑、漏辑及字形、字音相似等多种情况，不利于后人利用。本文即以辑本文本及其引源文本为基础，查勘对比其他相关记载，订正种种文本之误，以期还原盛弘之《荆州记》本来面目。

关键词

王谟辑本　盛弘之《荆州记》《太平寰宇记》《太平御览》

Abstract

The Southern Song Sheng Hongzhi's *Jingzhou Ji* is a masterpiece of ancient Chinese chronicles. It has already disappeared in the Tang and Song Dynasties. Wang Mo of the Qing dynasty had collected and compiled records about it and had 215 articles in total, which were recorded in the *Han Wei Yi Shu Chao* and saved rare literature materials with a high value. However, after comparing the text of the cited source with records in other related documents, the author finds that the series text has many errors, including miscellaneous reference, misunderstood records, derivative records, missing and glyphs and similar sounds and so on. It's difficult for future generations to use it. This article is based on the series of texts and their source texts. It examines and compares other relevant records and corrects errors in various texts in order to restore the original content of Sheng Hongzhi's *Jingzhou Ji*.

Key words

edition collected by Wang Mo　Sheng Hongzhi's *Jingzhou Ji*　*Taiping Huanyu Ji*　*Taiping Yu Lan*

---

① 本文为故宫博物院2013年度科研课题"清代方志文献与方志学研究"成果之一。

② 刁美林，1981年生，男，山东平阴人，故宫博物院图书馆副研究馆员。研究方向为清代文献学。

中国古代为荆州立志，名为《荆州记》者有多家，如晋范汪《荆州记》，南朝宋盛弘之《荆州记》、庾仲雍《荆州记》、郭仲产《荆州记》、刘澄之《荆州记》，以及清陈运溶以各书所引而未注著者辑为一类，题为佚名《荆州记》者等。诸家之中，则以盛弘之之记最负盛名："《荆州记》作者数家，惟盛弘之最著，诸书称引盛《记》亦最多。"[①] 南朝宋盛弘之《荆州记》为中国古代地记中之佼佼者，全书正文依巴东、南郡、江夏、襄阳、南阳、顺阳、宜都、武陵等郡排序，各郡分县记述境内名胜古迹、洞穴矿泉、地方特产、历史典故、神话传说、高山大川等，于补证《晋书·地理志》及《宋书·州郡志》之记载有较高价值。然是书约在唐宋时期即已亡佚，撰者盛弘之生平行状亦不可考，唯《隋书·经籍志》云："宋临川王侍郎盛弘之撰《荆州记》三卷。"[②] 清曹元忠据《宋书·州郡志》比照《荆州记》，认定成书时间当在刘宋文帝元嘉十四年（437）左右[③]，大致不误。此志在魏晋南北朝时期著述中颇见注称，唐、宋地理典籍中尤多征引，以唐欧阳询《艺文类聚》，宋乐史《太平寰宇记》、李昉《太平御览》征引最多。清代学者王谟、陈运溶曾对其进行辑佚，分别有《汉魏遗书钞》本和麓山精舍本，颇有成就，尤以王谟创始之功最大。王谟《汉魏遗书钞》辑本约达原书三分之一量：

"隋唐志所载凡三卷，今所裒辑可得一卷，凡共抄出《史记正义》二条，《索引》三条，《前汉书注》二条，《后汉书注》二十六条，《水经注》六条，《文选注》十条，《世说注》一条，《类聚》十五条，《初学记》十九条，《书钞》八条，《白帖》五条，《御览》七十九条，《广记》四条，《元和郡县志》二条，《太平寰宇记》二十七条，《路史》二条，《广韵》一条，《通鉴注》一条，《通志略》一条，《事类赋注》一条。"[④]

然王谟辑此志时已八十多岁，大耋已及，贫病交加，所谓诸条恒多稗贩，舛讹迭出，需加详审。本文即以辑本文本及其引源文本为基础，查勘对比其他相关记载，订正种种文本之误，以期还原盛弘之《荆州记》本来面目。

① 〔清〕王谟：《汉唐地理书钞》，中华书局，1961 年版，第 322 页。

② 〔清〕王谟：《汉唐地理书钞》，中华书局，1961 年版，第 322 页。

③ 吴枫：《中华古文献大辞典·地理卷》，吉林文史出版社，1991 年版，第 181 页。

④ 〔清〕王谟：《汉唐地理书钞》，中华书局，1961 年版，第 322 页。

1. 元嘉十四年，荆州所隶三十郡，自晋室东迁，王居建业，则以荆杨为京师根本之所，寄荆楚为重镇，上流之所总，拟周之分陕，故有西陕之号焉。自后植中（二字疑误）为大将军，屯上明，使刘波守江陵是也。（《寰宇记》）

宋乐史《太平寰宇记》卷一四六原文为："元嘉十四年，荆州所领三十郡，自晋室南迁，皇居建业，则以荆扬为京师根本之所，寄楚为重镇，上流之所总，拟周之分陕，故有西陕之号焉。自后植中为大将军，屯上明，使刘波守江陵是也。"

按：据文义及上述史料，"隶"当作"领"。亦据清洪亮吉《东晋疆域志》："乐史称，盛弘之《荆州记》：'永嘉十四年，荆州所领三十郡。'"[①]"元嘉"是南朝宋文帝刘义隆年号，存在三十年之久，十四年即公元 437 年。"永嘉"是西晋怀帝司马炽年号，仅七年之久，并无十四年，当作"元嘉"，《东晋疆域志》误。

"东迁"当作"南迁"。西晋都城为洛阳，西晋怀帝、愍帝时期，中原战争不断，周边部族相继建立君主制，威胁西晋政权，酿成"永嘉之祸"。晋元帝建武年间，中原汉族自洛阳南渡长江，史称东晋，定都建康，史称"永嘉之乱，衣冠南渡"[②]。按照习惯，称"南迁"为佳。

2. 舞阳县北拒天门溇中县，南极邵武武岗县，西接宁州牂牁，在舞水之阴。（《寰宇记》）

《寰宇记》卷一二二原文为："舞阳县北拒天门溇中县，南极郡阳武岗县，西接宁州牂牁，在舞水之阴。"

按："邵武"、"郡阳"均当作"邵阳"，《寰宇记》亦误。据明刘基《大明清类天文分野之书》："邵阳县，汉昭陵县地，光武时析置昭阳县，属零陵郡。三国吴宝鼎元年置邵陵郡，以县属焉。又析其地，立新城、高平二县。晋武帝改曰邵阳省，新城入焉。又析置建兴县，俱属邵陵郡。隋开皇中，郡罢，并都梁、扶夷、邵陵、高平、建兴、武岗等六县入邵阳，属潭州。"[③]

---

① 〔清〕洪亮吉：《东晋疆域志》卷二，清《广雅书局丛书》本。

② 〔宋〕梁克家：淳熙《三山志》卷一〇，明崇祯十一年（1638）刻本。

③ 〔明〕刘基：《大明清类天文分野之书》卷一九，明刻本。

3. 零阳东接作唐。(《文选注》)

李善等《六臣注文选》卷二三原文为:"天门有零阳县,南平郡有作唐县,盛弘之《荆州记》曰:'零陵东接作唐。'"

按:"零陵"当作"零阳",形似误。据南朝宋范晔《后汉书》:"零阳县属武陵郡……攻烧零阳、作唐、孱陵界中。作唐县属武陵郡,孱陵县故城在今荆州公安县西南。"[①] 清冯浩《樊南文集详注》:"澧水出武陵充县西,历山东,过零阳县、作唐县,至长沙下嶲县入江。"[②] 明钟崇文等隆庆《岳州府志》:"守零阳时,溇中蛮覃儿健攻烧作唐、孱陵界中。"[③]《册府元龟》卷九八三、《楚南苗志》卷二、《行水金鉴》卷七五、《汉志水道疏证》卷三、《四库全书考证》卷三五、《禹贡会笺》卷一一等亦均作"零阳"。

4. 灌阳湖西三十里有马头戍,吴大司马陆抗所屯,以对江津口,与晋太傅羊祐相拒大弘信义。抗有疾,祐馈之药,抗即推心服之,于时谈者以为华元、子反复见于今。(《寰宇记》。案:马头戍即奉城也。)

《寰宇记》卷一四六原文为:"灌羊湖西三十里有马头戍,吴大司马陆抗所屯,以对江津口,与晋太傅羊祜相拒大弘信义。抗有疾,祜馈之药,抗即推心服之,于时谈者以为华元、子反复见于今。"

按:"灌阳湖"当作"灌羊湖"。据清倪文蔚等光绪《荆州府志》:"灌羊湖西三十里有马头戍。"[④] 嘉庆《大清一统志》卷三四四、《晋书斠注》卷三四等亦均作"灌羊湖"。

《书钞》"祐"当作"祜",形似误。

5. 南蛮府东有三湖,源同一水,盖徙治西府也。宋元嘉中,通路自湖,下注扬水,以广运漕。(《水经注》)

---

① 〔南朝宋〕范晔:《后汉书》卷八六,百衲本景宋绍熙刻本。

② 〔清〕冯浩:《樊南文集详注》卷六,清同治年间桐乡冯氏重刻本。

③ 〔明〕钟崇文:隆庆《岳州府志》卷六,明隆庆刻本。

④ 〔清〕倪文蔚修,顾嘉蘅纂:光绪《荆州府志》卷七,清光绪六年(1880)刻本。

郦道元《水经注》卷二八原文为："南蛮府东有三湖，源同一水，盖徙治西府也。宋元嘉中，通路白湖，下注扬水，以广运漕。"

按："路自湖"当作"路白湖"。经查，《水经注笺》卷二八、《水经注集释订讹》卷二九均作"路自湖"，误。据清沈钦韩《后汉书疏证》："刘昭注引《荆州记》有三湖，沔水篇云：'路白湖港南曰中湖，南堤下曰昏官湖，三湖合为一水。'"[①] 清王先谦《汉书补注》："扬水自江陵来，东北合路白湖水、赤湖水，东入华容县，合灵溪水、柞溪水，下入江夏竟陵路白湖，合中湖、昏官湖为一水。"[②] 清武英殿聚珍本《水经注》有清代学者注释："案：'白'近刻讹作'自'。"[③]《水经注释》卷二八、《方舆考证》卷五九亦均作"路白湖"。

6. 当阳县东南有麦城，东有驴城，沮水之西有磨城，犄角麦城，昔伍子胥造此二城，以攻麦城，假驴、磨立名，俗谚云："东驴西磨麦自破。"（《寰宇记》）

《寰宇记》卷一四六原文为："麦城东有驴城，沮水之西有磨城，犄角麦城，昔伍子胥造此二城，以麦城，假驴、磨立名，俗谚云：'东驴西磨麦自破。'"

按：《寰宇记》原文脱"攻"字。据宋郭允蹈《蜀鉴》："麦城东有驴城，西有磨城，伍子胥造此二城，攻麦城，俗谚云：'东驴西磨麦自破。'"[④] 宋王象之《舆地纪胜》："麦城东有驴城，沮水之西有磨城，传言伍子胥造此二城，以攻麦城，谚云：'东驴西磨麦自破。'"[⑤] 宋李昉《太平御览》："当阳县东南有麦城，城东有驴、磨城，犄角城，传云伍员造此二城，以攻麦城，故假驴、磨之名。"[⑥]"犄角"后脱"麦"字。清穆彰阿等嘉庆《大清一统志》："沮水东南径驴城西、磨城东，传云子胥造驴、磨二城，以攻麦邑。"[⑦]《明一统志》卷六〇、《存砚楼文集》卷四、《古谣谚》卷二八、《读史方舆纪要》卷七七等均有"攻"字。

---

① 〔清〕沈钦韩：《后汉书疏证》卷一九，清光绪二十六年（1900）浙江官书局刻本。

② 〔清〕王先谦：《汉书补注》地理志八，清光绪二十六年（1900）长沙王氏刻本。

③ 〔北魏〕郦道元：《水经注》卷二八，清光绪十四年（1888）无锡薛氏校刻本。

④ 〔宋〕郭允蹈：《蜀鉴》卷二，明嘉靖刻本。

⑤ 〔宋〕王象之：《舆地纪胜》卷七八，清影宋钞本。

⑥ 〔宋〕李昉：《太平御览》卷一九二，清嘉庆十一年（1806）刻本。

⑦ 〔清〕穆彰阿等：嘉庆《大清一统志》卷三五二，清光绪二十七年（1901）上海宝善斋石印本。

7. 樊城西北有鄾城，即春秋所称鄾子之国也。光武云："宛最强，鄾次之。"即谓此鄾城。西北行十余里，邓侯吾离国，为楚文王所灭，今为邓县邓城。西北余里有穀城，穀伯绥之国，城门有石人焉，刊其腹云："摩兜鞬，摩兜鞬，慎莫言。"疑此亦周太史庙金人缄口铭背之流也。(《御览》)

宋李昉《太平御览》卷一九二原文为："樊城西北有鄾城，即春秋所称鄾子之国。光武云：'宛最强，鄾次之。'即谓此鄾城。西北行十余里，邓侯吴离之国，为楚文王所灭，今为邓县邓城。西百余里有穀城，伯绥之国，城门有石人焉，刊其腹云：'摩鞬，慎莫言。'疑此亦周太庙金人缄口铭背之流也。"

按：据文义及上述史料，《书钞》"西北余里"当作"西百余里"。亦据唐欧阳询《艺文类聚》："樊城西北有鄾城，西百余里有谷城，谷伯绥之国，城门有石人焉，刊其腹云：'摩兜鞬，摩兜鞬，慎莫言。'疑此亦周太史庙金人缄口铭背之流也。"[①]"太史庙"当作"太庙"，太庙为中国古代皇帝宗庙，太史庙则为西汉史学家司马迁祠庙，址在陕西韩城。《全上古三代秦汉三国六朝文》卷一四、《湖北金石志》卷二均作"太庙"。《渊鉴类函》卷三四〇作"太史庙"，误。"金人缄口"典出《孔子家语·观周》："孔子观周，遂入太祖后稷之庙，庙堂右阶之前，有金人焉三，缄其口，而铭其背曰：'古之慎言人也。'"[②]《御览》"邓侯吴离"当作"邓侯吾离"，春秋邓国君主之一，子姓。据唐陆德铭《春秋公羊经传解诂》："夏穀伯绥来朝，邓侯吾离来朝，皆何以名？"[③]北魏郦道元《水经注》："县故邓侯吾离之国也，楚文王灭之，秦以为县。"[④]宋韩醇《诂训柳先生文集》："春秋有邓侯吾离，后为楚所灭，因为氏焉。"[⑤]清王士俊雍正《河南通志》："鲁庄公时有邓侯吾离者，不睦于楚。"[⑥]

8. 先主败于襄阳，奔荆州。吴大帝擢先主为左将军、荆州牧，镇油口，即居此城。时号先主为公，故名其城曰公安。(《寰宇记》)

---

① 〔唐〕欧阳询：《艺文类聚》卷六三居处部三，明正德十年（1515）无锡华氏雪堂铜活字版印本。

② 〔三国魏〕王肃：《孔子家语》卷三，清光绪年上海同文书局宋全文本。

③ 〔唐〕陆德铭：《春秋公羊经传解诂》桓公第二，清道光四年（1824）扬州汪氏问礼堂刻本。

④ 〔北魏〕郦道元：《水经注》卷三一，清光绪十四年（1888）无锡薛氏校刻本。

⑤ 〔宋〕韩醇：《诂训柳先生文集》卷一〇，清乾隆刻本。

⑥ 〔清〕王士俊：雍正《河南通志》卷二〇，清雍正九年（1731）刻本。

《寰宇记》原文为："刘备败于襄阳，本荆州。吴大帝推先主为左将军、荆州牧，镇油口，即居此城。时人号备为公，故名其城为公安也。"

按：据史实，刘备是孙权联合抗曹的对象，并非其部下，《书钞》作"擢"不当。时荆州牧刘琦病逝，其手下与孙权一致推举刘备接任荆州牧，当作"推"为是。亦据清仇兆鳌《杜诗详注》："吴大帝推刘备为左将军荆州牧，镇油口，即居此城。时人号为左公，故名其城公安也。"① 宋王洙《分门集注杜工部诗》："吴大帝推蜀先主为左将军、荆州牧，镇油口，即居此城。时人号备为左公，故名其城曰公安。"② 据文义，《寰宇记》原文"本"当作"奔"。亦据清钱谦益《钱注杜诗》："刘备败于襄阳，南奔荆州。吴大帝推为左将军、荆州牧，镇油口，即居此城。时人号备为左公，故名其城公安也。"③《补三国疆域志》卷下、《三国疆域志补注》卷一三、《方舆考证》卷五九、《隋书地理志考证》卷九、《十八家诗抄》卷一九等亦均作"奔"、"推"。

9. 马牧城东三里有蚌城，古老相传云饥年民结侣采蚌，止憩其中，故因为名。城随洲势，上大下尖，其形似蚌，故有蚌号。(《类聚》)

唐欧阳询《艺文类聚》卷九七原文为："马牧城东三里有蚌城，相传云饥年民结侣采蚌，止憩其中，故因为名。又云城随洲势，上大尖，其形似蚌，故有蚌号。"

按：据文义，《类聚》原文"大"后脱"下"字。亦据宋李昉《太平御览》："马牧城东三里有蜂城，故老相传云饥年民结侣拾蜂，止憩其中，故因为城。又云城随门势，上大下尖，其形似蜂，故有蜂号。"④ 据文义，"蜂"当作"蚌"，"门"当作"洲"。其他记载有清吴士玉《骈字类编》："马牧城东三百里有蚌城，相传云饥年民结侣采蚌，止憩其中，故因为名。又云城随州势，上大尖，其形似蚌，故有蚌号。"⑤"三百里"不合情理，衍"百"字。清张英《渊鉴类函》："马牧城东三里有蚌城，相传云饥年民结侣采蚌，止憩其中，故因为名。又云城随洲势，上大尖，其形似蚌，故有蚌

① 〔清〕仇兆鳌：《杜诗详注》卷二二，清康熙四十二年（1703）刻本。

② 〔宋〕王洙：《分门集注杜工部诗》卷一三，清末上海涵芬楼影印本。

③ 〔清〕钱谦益：《钱注杜诗》卷一七，清康熙刻本。

④ 〔宋〕李昉：《太平御览》卷一九二，清嘉庆十一年（1806）刻本。

⑤ 〔清〕吴士玉：《骈字类编》卷二二〇，清光绪十三年（1887）上海同文书局石印本。

号。”[①] 清张玉书《佩文韵府》：“马牧城东三里有蚌城，相传云饥年民结侣采蚌，止憩其中，故因为名。又云城随洲势，上大尖，其形似蚌，故有蚌号。”[②] 三者均脱“下”字。清孔自来顺治《江陵志余》：“蚌城在马牧城东三里燕尾洲上，相传岁饥人民结侣取蚌，止憩于此。城亦关壮缪所筑，以防吴魏。或云城随洲势，其形似蚌，故名之。”[③]

10. 宋元嘉初，武溪蛮人射鹿，逐入石穴，才容人。入穴，见其傍有梯，因上梯，豁然开朗，桑果蔚然，行人翱翔，亦不以怪，此蛮于路所树为记，其后茫茫无复仿佛。（《初学记》）

《初学记》卷八原文为：“宋元嘉初，武溪蛮人射鹿，逐入石穴，才容人。蛮人入穴，见其傍有梯，因上梯，豁然开朗，桑果蔚然，行人翱翔，亦不以怪，此蛮于路斫树为记，其后茫茫无复仿佛。”

按：据文义，《书钞》“所”当作“斫”，形似误。亦据南朝宋刘敬叔《异苑》：“元嘉初，武溪蛮人射鹿，逐入石穴，才容人。蛮人入穴，见其傍有梯，因上梯，豁然开朗，桑果蔚然，行人翱翔，亦不以怪，此蛮于路斫树为记，其后茫然无复仿佛。”[④] 明董斯张《广博物志》：“此蛮于路斫树为记，其后茫然无复仿佛。”[⑤] 清曾国荃光绪《湖南通志》：“此蛮于路斫树为记，其后茫然无仿佛。”[⑥] 清张英《渊鉴类函》两处记载用词不一，卷三百三五：“行人翱翔，亦不以怪，此蛮于路斫树为记，其后茫茫无复仿佛。”[⑦] 卷二六：“行人翱翔，不似戎境，此蛮乃批树记之，其后寻之，不知其处。”[⑧] 宋王象之《舆地纪胜》亦为“批”：“不似戎境，此蛮乃批树记之，其后寻之，莫知处。”[⑨] 清应先烈嘉庆《常德府志》亦为“批”：“宋元嘉初，武陵溪人射鹿，出入

---

① 〔清〕张英：《渊鉴类函》卷四四三，清重刻古香斋袖珍本。

② 〔清〕张玉书：《佩文韵府》卷二三，清光绪十二年（1886）上海点石斋石印本。

③ 〔清〕孔自来纂：顺治《江陵志余》序，清顺治七年（1650）刻钞本。

④ 〔南朝宋〕刘敬叔：《异苑》卷一，清乾隆张海鹏照旷阁《学津讨源》本。

⑤ 〔明〕董斯张：《广博物志》卷五，清光绪五年（1879）学海堂重刻本。

⑥ 〔清〕曾国荃：光绪《湖南通志》卷末，清光绪十一年（1885）刻本。

⑦ 〔清〕张英：《渊鉴类函》卷三三五，清重刻古香斋袖珍本。

⑧ 〔清〕张英：《渊鉴类函》卷二六，清重刻古香斋袖珍本。

⑨ 〔宋〕王象之：《舆地纪胜》卷六八，清影宋钞本。

一石穴，穴才容人。入穴，见有梯，因上，豁然开朗，桑果蔼然，行人翱翔，不似凡境，乃批树记之，其后寻之，不知其处。”①

11. 建平信陵县有税氏。昔蜀王栾君王巴蜀，王见廪君兵强，结好饮宴，以税氏五千人遗巴蜀廪君。（郑樵《通志略》）

郑樵《通志》卷二九原文为：“建平信陵县有税氏。昔蜀王栾君王巴蜀，王见廪君兵强，结好饮晏，以税氏五千人遗巴蜀廪君。”

按：据文义，中国古代封建社会，一县一姓之人达“五千”不合情理，当作“五十”。亦据唐林宝《元和姓纂》：“建平信陵县有税氏。昔君王巴蜀（案《荆州记》作‘蜀王廪君’，此脱），蜀王见廪君兵强，结好饮宴，以税氏五十人遗廪君。”② 注语为清四库馆臣作。宋罗泌《路史》：“蜀王以税氏五十遗廪君者，盛《荆州记》云建平信陵今有税氏。”③ “今”当作“县”。清张澍《蜀典》：“昔蜀王栾君王巴蜀，见廪君兵强，结好宴饮，以税氏五十遗廪君。”④ 宋章定《名贤氏族言行类稿》：“信陵县有税氏。昔蜀王栾君三巴蜀，王见廪君兵强，结好饮宴，以税氏五十人遗巴土廪君。”⑤ “三”“土”均当作“王”，形似误。

12. 武当县有女思山，南二百有武当。（《郡国志注》）

南朝宋范晔《后汉书》卷一二〇《郡国志》原文为：“县有女思山，南二百里有武当。”

按：据文义及上述《后汉书》原文，《书钞》脱“里”字。清王先谦《后汉书集解》二二、《汉书补注・地理志》第八上、《续汉志集解・郡国志》四、清许鸿盘《方舆考证》卷五九、清张玉书《佩文韵府》卷三七等均作：“有女思山，南二百里有武当。”

13. 武当山有一溪，岸土色鲜黄，乃可噉。（《御览》）

---

① 〔清〕应先烈修，陈楷礼纂：嘉庆《常德府志》卷四，清嘉庆十八年（1813）刻本。

② 〔唐〕林宝：《元和姓纂》卷八，清光绪六年（1880）金陵书局刻本。

③ 〔宋〕罗泌：《路史》卷三〇，清光绪二年（1876）红杏山房刻本。

④ 〔清〕张澍：《蜀典》卷一二，清道光武威张氏安怀堂刻本。

⑤ 〔宋〕章定：《名贤氏族言行类稿》卷四三，清乾隆刻本。

《太平御览》卷三七原文为："武当县有一溪，岸土色鲜黄，乃可噉。"

按："山"字当作"县"。据明董斯张《广博物志》："武当县有一溪，岸土色鲜黄，乃可噉。"[①] 清陈元龙《格致镜原》："武当县有一溪，岸土色鲜黄，可噉。"[②] 清张英《渊鉴类函》则为："武当有一溪，坼土色鲜黄，乃可噉。"[③]

14. 熊耳上多漆，下多棕，浮豪之水出焉，西流注于洛。又案山书谓此山上有青丹之树，得而服之，成仙。(《御览》)

《太平御览》卷四二原文为："南县修县北有熊耳山，山东西各一峰傍竦，南北望之若熊耳。山多漆，下多棕，浮豪之水出焉，西流注于洛。又案，仙书谓此山上有青丹之树，得而服之，成仙。"

按：《书钞》脱"南县修县北有熊耳山，山东西各一峰傍竦，南北望之若"。"山书"当作"仙书"，指道教论神仙之书。汉刘向《列仙传》："仙书云黄帝采首山之铜，铸鼎于荆山之下。"[④] 唐李白《李诗选注》："仙书云眼方者寿千岁，陶弘景晚年一目有时而方。"[⑤] 唐罗隐《广陵妖乱志》："仙书云有一宝剑在盐城井中，须一灵官取之以胜。"[⑥]

据文义，《御览》"山多漆"当作"上多漆"，亦可据《太平寰宇记》："熊耳山其上多漆，其下多棕。"[⑦]

15. 平乐县西南数十里有山，其岩间有两目，如人眼，极大，瞳子白黑分明，因目为日岩山。(《寰宇记》)

《寰宇记》卷一六三原文为："平乐县西南数十里有山，其岩间有两目，如人眼，极大，瞳子黑白分明，因为目岩山。"

---

① 〔明〕董斯张：《广博物志》卷七，清光绪五年（1879）学海堂重刻本。

② 〔清〕陈元龙：《格致镜原》卷一〇，清雍正十三年（1735）陈氏刻本。

③ 〔清〕张英：《渊鉴类函》卷二三，清重刻古香斋袖珍本。

④ 〔汉〕刘向：《列仙传》卷上，明正统《道藏》本。

⑤ 〔唐〕李白：《李诗选注》卷一一，明隆庆刻本。

⑥ 〔唐〕罗隐：《广陵妖乱志》，清藕香零拾本。

⑦ 〔宋〕乐史：《太平寰宇记》卷一四一，清光绪八年（1882）金陵书局刻本。

按：据文义，《书钞》“因目为日岩山”当作“因名为目岩山”，或作“因号为目岩山”。亦据清杨守敬《隋书地理志考证》：“平乐县西南数十里有山，其岩间有两目，如人眼，极大，瞳子黑白分明，因名为目岩山。”① 宋王象之《舆地纪胜》：“其岩间有两目，如人眼，极大，瞳子黑白分明，因为目岩山。”② 明李贤《明一统志》：“目岩山在府城北三十五里，其岩间有两目，如人眼，极大，瞳子黑白分明，因号目岩。”③

16. 宅上山项有玉女遂，营坟整固，上有乔木丛生，名为女贞林，常有白猿栖游，哀鸣清绝。（《御览》）

《御览》卷五七原文为：“宅上山顶有玉女冢，莹坟整固，上有乔木丛生，名为女贞林，常有白猿抪游，哀鸣清绝。”

按：据文义，“项”当作“顶”，“遂”当作“冢”，“营”“莹”当作“茔”，“抪”当作“栖”，均形似误。其他相关文献记载有清王初桐《奁史》：“玉女冢，乔木丛生，名为女贞林。”④ 汉司马迁《史记》卷一一七、清汪灏等《广群芳谱》卷七九均作：“宜都有乔木丛生，名为女贞。”

17. 江陵县东一百里有绿林山，茂林蓊郁，襄阳大路经由其西，所谓襄阳之绿林也。（《御览》）

《御览》卷五十七原文为：“江陵县东一百里有绿林山，茂林蓊郁，襄阳大路经由其西，所谓当阳之绿林也。”

按：“襄阳之绿林”当作“当阳之绿林”。据清马宗琏《春秋左传补注》：“江陵县东有绿林山，襄阳大路经由其西，所谓当阳之绿林也。是当阳在江陵县东，盖楚东地，故麇自当阳聚师于此。”⑤

18. 建平郡南陵县有石鼓，南有五龙山，山峰嶕峣，凌云齐竦，状若龙形，故因

---

① 〔清〕杨守敬：《隋书地理志考证》卷八，清光绪二十二年（1896）宜都杨氏鄰苏园刻本。

② 〔宋〕王象之：《舆地纪胜》卷第一〇七，清影宋钞本。

③ 〔明〕李贤：《明一统志》卷八四，明万历十六年（1588）杨刊归仁斋刊本。

④ 〔清〕王初桐：《奁史》卷九三，清嘉庆刻本。

⑤ 〔清〕马宗琏：《春秋左传补注》卷一，清乾隆刻本。

为名。(《艺文类聚》)

《艺文类聚》卷八原文为："建平郡南陵县有石鼓，南有五龙山，山峰嶕峣，凌云济竦，状若龙形，故因为名。"

按：据文义，"济"当作"齐"，形似误。亦据明郑若庸《类隽》："建平乡南陵县有石鼓，南有五龙山，山峰嶕峣，凌云齐竦，状如龙形。"[①] 清张英《渊鉴类函》："建平郡南陵县有石鼓，南有五龙山，山峰嶕峣，凌云齐竦，状若龙形，故因为名。"[②] 清吴士玉《骈字类编》亦作"济"误："建平郡南陵县南有五龙山，山峰嶕峣，凌云济竦，状如龙形。"[③] 清许鸿盘《方舆考证》则为："建平郡有五龙山，山峰嶕峣，凌云特竦，状如龙形。"[④]

19. 沿峡二十里，有新崩滩至巫峡，因山名也（《文选注》引此云："信陵县西二十里有巫峡。"）。首尾一百六十里，旧云自三峡取蜀数千里，恒是一山，此盖好大之言也。唯三峡七百里，两岸连山，略无阙处。重崖垒嶂，隐天蔽日。自非停午夜分，不见日月。所谓高山寻云，怒湍流水，绝非神境。(《寰宇记》)

《寰宇记》卷一四八原文为："岩江峡三十里，有新奔滩至巫峡，因山名也。首尾一百六十里，旧云自三峡取蜀数千里，恒是一山，此盖好大之言也。唯三峡七百里，两岸连山，略无阙处。重岩垒嶂，隐天蔽日。自非亭午夜分，不见日月。所谓高山寻云，怒湍流水，绝非人境。"

按："新奔滩"当作"新崩滩"。据明朱谋㙔《水经注笺》："江水又东，径巫峡，杜宇所凿以通江水也。江水历峡东，径新崩滩。此山汉和帝永元十三年崩，晋太元二年又崩。当崩之日，水逆流百余里，涌起数十丈。今滩上有石，或圆如箪，或方似屋，若此者甚众，皆崩崖所陨，致怒湍流，故谓之'新崩滩'。"[⑤] 清洪亮吉《东晋疆域志》："巫山今在建平巫县，有新崩滩。"[⑥] 清万斯同《明史》："西有琵琶峡，大江经

---

① 〔明〕郑若庸：《类隽》卷五，明万历六年（1578）汪珙刻本。

② 〔清〕张英：《渊鉴类函》卷二九，清重刻古香斋袖珍本。

③ 〔清〕吴士玉：《骈字类编》卷二一八，清光绪十三年（1887）上海同文书局石印本。

④ 〔清〕许鸿盘《方舆考证》卷六〇，清济宁潘氏华鉴阁本。

⑤ 〔明〕朱谋㙔：《水经注笺》卷三四，明万历四十三年（1615）李长庚刻本。

⑥ 〔清〕洪亮吉：《东晋疆域志》卷二，清广雅书局丛书本。

其中，东入湖广巴东县界中，有新崩滩，在县东。”[①] 除《寰宇记》外，《读史方舆纪要》卷七十八、《骈字类编》卷二三五、《佩文韵府》卷一及卷七皆作“新奔滩”，音似误。

据文义，“停”当作“亭”，“亭午”意为正午，音似误。除《寰宇记》“三十里”外，相关记载皆为“二十里”。清钱谦益《钱注杜诗》：“沿峡二十里有新崩滩至巫峡，因山为名也。”[②] 五代殷元勋《才调集补注》：“沿江二十里有新崩滩至巫峡，因山名也。首尾一百六十里。”[③] 唐王琦《李太白诗集注》：“沿峡二十里有新崩滩至巫峡，因山而名也。首尾一百六十里，旧云自三峡取蜀数千里，恒是一山，此盖好大之言也。惟三峡七百里，两岸连山，略无缺处。重岩迭嶂，隐天蔽日。自非亭午夜分，不见日月。所谓高山寻云，怒湍流水，绝非人境。”[④] 清许鸿盘《方舆考证》：“沿峡二十里有新崩滩至巫峡，因山名也。首尾一百六十里，旧云自三峡取蜀数千里，恒是一山，此盖好大之言也。惟三峡七百里中，两岸连山，略无缺处。自非亭午夜分，不见日月。所谓高山寻云，怒湍流水，绝非神境。”[⑤] 清杨守敬《隋书地理志考证》：“沿峡二十里有新崩滩至巫峡，因山名也。首尾一百六十里，旧云自三峡取蜀数千里，恒是一山，此盖好大之言也。唯三峡七百里，两岸连山，略无缺处。重崖叠嶂，隐天蔽日。旨非亭午夜分，不见日月。所谓高山寻云，怒湍流水，绝非人境。”[⑥]

20. 至于夏水襄陵，沿溯阻绝。或王命急宣，有时朝发白帝，暮至江陵，其间一千二百里，虽乘奔御风，不以疾也。春夏之时，则素湍渌潭，回清倒影，绝巘多生柽柏，悬泉瀑布，飞漱其间，清莹峻茂，良多雅趣。每至晴初霜旦，林寒涧肃，常有高猿长啸，属引清远，空岫传响，哀转久绝。故渔者歌曰：“巴东三峡巫峡长，猿鸣三声泪沾裳。”

《太平御览》卷五三原文曰：“至于夏水襄陵，沿溯阻绝。或王命急宣，有时云朝发白帝，暮至江陵，其间一千二百里，虽乘奔御风，不为疾也。春冬之时，则素湍

① 〔清〕万斯同：《明史》卷八一，清抄本。
② 〔清〕钱谦益：《钱注杜诗》卷一五，清康熙刻本。
③ 〔五代〕殷元勋：《才调集补注》卷二，清乾隆五十八年（1793）宋思仁刻本。
④ 〔唐〕王琦：《李太白诗集注》卷二四，清乾隆刻本。
⑤ 〔清〕许鸿盘：《方舆考证》卷六五，清济宁潘氏华鉴阁本。
⑥ 〔清〕杨守敬：《隋书地理志考证》卷二，清光绪二十二年（1896）宜都杨氏鄰苏园刻本。

渌潭，回清到影，绝巘多生柽柏，悬泉瀑布，飞其间，清荣峻茂，良多雅趣。每晴初霜旦，林寒涧肃，常有高猿长啸，属引凄异，空岫传向，哀转久绝。故渔者歌曰：‘巴东三峡巫峡长，猿鸣三声泪沾裳。’”

按：据文义，两处引文中“柽”均当作“怪”，形似误。郦道元已发现其误：“近刻讹作‘柽’。”① 经查，《水经注集释订讹》卷三四、《王右丞集笺注》卷一三、《蜀中广记》卷二二、《古今小品》卷八、《楚宝》卷三九、《行水金鉴》卷七五、雍正《四川通志》卷二四、《蜀水经》卷七、嘉庆《大清一统志》卷三九七、《子史精华》卷一〇三、《方舆考证》卷六五等相关记载均误作“柽”。《御选唐诗》卷六五作“柽柳”，亦误。清赵一清《水经注释》：“按《御览》引此文作‘怪柏’。”② 不知一清所见《御览》是何版本。

据文义，《书钞》引文中“清莹峻茂”当作“清荣峻茂”，意为水清、树荣、山高、草盛；“属引清远”当作“属引凄异”，意为连续不断，凄凉怪异。据郦道元《水经注》：“至于夏水襄陵……清荣峻茂……高猿长啸，属引凄异（案‘属’近刻作‘屡’）。”③《水经注释》卷三四、《王右丞集笺注》卷一三、《蜀水经》卷七、《御选唐诗》卷六五、《方舆考证》卷六五、嘉庆《大清一统志》卷三九七等相关记载亦均作“清荣峻茂”“属引凄异”。

其他如《水经注集释订讹》卷三四、《蜀中广记》卷二二、《古今小品》卷八、《楚宝》卷三九、《行水金鉴》卷七五、雍正《四川通志》卷二四、《子史精华》卷一〇三、《方舆考证》卷六五、《肇域志》卷二五、《骈字类编》卷一九三、《佩文韵府》御定卷一〇七作“清荣峻茂”，《杜诗镜诠》卷一三、《杜诗详注》卷一七、《李太白诗集注》卷二二、《李长吉歌诗汇解》卷一、《笺注骆临海集》卷三、《方舆胜览》卷五七作“属引凄异”。

据文义，《御览》原文中“王命急宜”当作“王命急宣”；“到影”当作“倒影”；“空岫传向”当作“空岫传响”；“有时云朝发白帝”衍“云”字；“飞其间”脱“漱”字。清赵一清《水经注释》：“至于夏水襄陵，沿溯阻绝。或王命急宣，有时朝发白帝，暮

---

① 〔北魏〕郦道元：《水经注》卷三四，清光绪十四年（1888）无锡薛氏校刻本。

② 〔清〕赵一清：《水经注释》卷三四，清乾隆五十一年（1786）仁和赵氏家刻本。

③ 〔北魏〕郦道元：《水经注》卷三四，清光绪十四年（1888）无锡薛氏校刻本。

到江陵……回清倒影…悬泉瀑布，飞漱其间…属引凄异，空谷传响。”[①]《水经注集释订讹》卷三四、《方舆胜览》卷五七、《方舆考证》卷六五、嘉庆《大清一统志》卷三九七等相关记载均作如是记载。

21. 空冷峡绝崖壁立数百丈，飞鸟所不能栖，有一火烬插石崖间，望见可长数尺，相传云，尧洪水时行者，泊舟于崖侧，爨于此，余烬插之，至今犹存，故曰“插灶”。（《寰宇记》）

《寰宇记》卷一四八原文为：“空舲硖山在县东一百二里，《荆州图记》云此峡绝崖壁立数百丈，飞鸟所不能栖，有一火烬插石崖间，望见可长数尺，相传云，尧洪水时行者，泊舟崖侧，爨于此，余烬插之，至今犹曰‘插灶’。”

按：“空冷峡”“空舲硖”当作“空舲峡”。据宋王象之《舆地纪胜》：“空舲峡在秭归县东，绝崖壁立，湍水迅急，上甚艰难，舲中载物尽悉下，然后得过，故谓之空舲峡。”[②] 明朱谋㙔《水经注笺》：“空舲峡绝壁上有一火烬，长数尺，名曰‘插灶’，相传尧时洪水行者，泊舟崖侧，炊爨，以余烬插之。”[③] 宋李昉《太平广记》：“荆州有空舲峡，绝崖壁立数百丈，飞鸟不栖，有一火烬，插在崖间，望见可长数尺，传云洪水时行舟者泊爨于此，余烬插之，至今犹曰‘插灶’。出《洽闻记》。”[④] 元王天与《尚书纂传》：“空舲峡在县东百二十里，绝崖壁立，湍水迅急，上甚艰险，载物悉下，然后得过。”[⑤] 明李贤《明一统志》：“空舲峡在归州东三十里，夏秋水泛，必空舲乃可上其滩，亦名‘空舲’，自归州至长阳四百里内，峡水奔流，石碛险恶。”[⑥] 另《九家集注杜诗》卷一六、《才调集补注》卷六、《舆地纪胜》卷七四、《海内奇观》卷八、《沅湘耆旧集》卷一三八、《清诗别裁集》卷三〇、《安雅堂未刻稿·入蜀集》上、《后湘诗集续集》卷三等均有“空舲峡”相关记载。

---

① 〔清〕赵一清：《水经注释》卷三四，清乾隆五十一年（1786）仁和赵氏家刻本。
② 〔宋〕王象之：《舆地纪胜》卷七四，清影宋抄本。
③ 〔明〕朱谋㙔：《水经注笺》卷三四，明万历四十三年（1615）李长庚刻本。
④ 〔宋〕李昉：《太平广记》卷三九七，民国景明嘉靖谈恺刻本。
⑤ 〔元〕王天与：《尚书纂传》卷四，清康熙十九年（1680）刻本。
⑥ 〔明〕李贤：《明一统志》卷六二，明万历十六年（1588）杨刊归仁斋刊本。

22. 南崖有重岭迭起，最大高崖间有石，色如人负刀牵牛，人黑牛黄，成就分明。此崖既大，加以江湍纡回，虽途经信宿，犹望见之。行者歌曰：“朝发黄牛，暮宿黄牛，三日三夜，黄牛如故。”（《御览》）

《御览》卷五三原文为：“南崖有重岭迭起，最大高崖间有石，色如人负刀牵牛，人黑牛黄，成就分明。此崖既大，加以江湍萦纡回，途经宿，犹望见之。行者歌曰：‘朝发黄牛，暮宿黄牛，三日三夜，黄牛如故。’”

按：据文义及上述史料，《御览》原文衍“萦”字。亦据宋蔡梦弼《杜工部草堂诗笺》：“宜都西陵峡中有黄牛山，南崖有重岭迭起，最大高岸间有石，如人负刀率牛，人黑牛黄分明，曰黄牛。此岸既高，江湍纡回，途经信宿，犹望见之。行人歌曰：‘朝发黄牛，暮宿黄牛，三日三暮，黄牛如故。’”[①]“率”当作“牵”，“岸”当作“崖”，形似误。宋祝穆《方舆胜览》：“南崖有重岭迭起，崖间有石，色如人牵牛，人黑牛黄，成就分明，加以江湍纡回，行途经宿，犹望见之。行者歌曰：‘朝发黄牛，暮发黄牛。’”[②]《庾开府集笺注》卷四、《艺文类聚》卷七、《补注东坡编年诗》卷一等相关记载均无“萦”字。“信宿”意为连住两夜，谓两三日，如唐孔颖达《毛诗注疏》：“公归不复，于女信宿。”[③]刘义庆《世说新语》：“虽信宿中途，竟不言及此事，太傅深恨在心。”[④]《水经注笺》：“流连信宿，不觉忘返。目所履历，未尝有也。”[⑤]“途经宿”语意虽通，却不如“途经信宿”更能体现崖之高大，与“犹能望之”呼应，表达更佳，疑脱“信”字。

---

① 〔宋〕蔡梦弼：《杜工部草堂诗笺》诗笺补遗卷二，《古逸丛书》覆宋麻沙本影印。

② 〔宋〕祝穆：《方舆胜览》卷二九，清昆山徐乾学传是楼抄本。

③ 〔唐〕孔颖达：《毛诗注疏》卷八，清嘉庆二十年（1815）南昌府学重刊宋本《十三经注疏》本。

④ 〔南朝宋〕刘义庆：《世说新语》中之上，《四部丛刊》景明袁氏嘉趣堂本。

⑤ 〔明〕朱谋㙔：《水经注笺》卷三四，明万历四十三年（1615）李长庚刻本。

The Geographical Distribution of the Punished Officials in Guizhou in the Ming Dynasty and the Narrative on Their Living Mentality

明代贵州谪宦的地域分布及其谪居心态述论

张晓超[①]
Zhang Xiaochao

内容摘要

贵州在中国历史上长期属于化外之地，自唐宋以来一直是中央王朝惩罚罪官、流放罪官的谪遣之所。贵州在明代正式成为中央王朝的一个省，明朝政府也把贵州作为流放罪官、惩罚罪官的重要贬谪地。谪官在贵州各府、州均有分布，以贵阳府为中心，辐射全省，呈放射状减少；来黔谪宦远离政治中心，不免产生仕途挫折、生命焦虑、前途担忧的孤独感。但通过寄情于山水、教化安民、精神反思等活动，在思乡、思君的苦闷之外获得了短暂的自由和精神上的愉悦，其心态观也在不断转变。同时谪宦在贵州的活动对当地发展文教、改变习俗、联系中原等方面发挥了重要作用。

关键词

明代　谪宦　贵州　心态

Abstract

For a long time, Guizhou has been perceived as “original territory” and regarded as the place for the central authority to punish and exile the criminal officials since Tang and Song dynasty. Guizhou became a province in the Ming dynasty. The Ming government also used Guizhou as an important place to exile and punish banished officials. The banished officers are distributed in all the prefectures and counties of Guizhou Province around the center of Guiyang Prefecture radiating the whole province with the amount reduced radially. The banished officers came to Guizhou away from political center, unavoidably had career frustration, anxiety and loneliness in life. As time goes on, accepting the reality, the banished officers gradually adjusted the mood, through activities such as sightseeing, indoctrination and spiritual reflection. With homesickness, they won a temporary freedom and spiritual pleasure. Their mentality is also changing. Banished officers activities in Guizhou play an important role on the development of local culture and education and in changing customs and the contact with the central plains.

Key words

the Ming dynasty　banished officers　Guizhou　mentality

① 张晓超，1994年生，男，山西晋中人，贵州大学历史与民族文化学院2016级硕士研究生。研究方向为战国秦汉考古。

贵州地处西南，在中国古代常被视为化外之地，成为历代王朝流放罪官、惩罚罪官的谪遣之所，而“谪宦”（指被贬降的官吏）这一特殊群体对贵州教育文化、社会风俗产生了较大影响，促进了贵州与中原文化的交流，对贵州文化的发展做出了巨大的贡献。据目前掌握的资料，学界大多侧重从官僚政治角度探讨入黔官员具体活动事迹，或者文学诗歌的成就等方面，鲜有著作对明代贵州地区谪宦的地域分布及其谪居心态进行系统、详细地研究。[①] 本文将着力于探讨明朝贵州谪宦的地域分布情况及其谪居心态思想变化，以弥补学界在该领域研究的不足，并探讨他们在贵州的生活环境对其心态思想变化产生的影响，以总结明朝时期中原文化与民族文化碰撞过程中，贵州地域思想文化的形成过程与特点。

一、明代以前贵州的地理沿革

贵州地处西南边疆，人迹罕至，中原古之多以蛮夷视之，久为化外之地。春秋战国之前，贵州为荆州西南夷，《史记》载“三苗在江淮、荆州数为乱”“放驩兜于崇山，以变南蛮”[②]，又载“荆及衡阳维荆州：江汉朝宗于海”[③]。其后夜郎国强大起来，成为西南地区大国之一，“西南夷君长以什数，夜郎最大”[④]。秦统一六国后，曾在西南地区修筑“五尺道”，广置郡县，加强对贵州地区的管理。至汉武帝时，“是岁（元鼎五年），四将军征南越及西南夷，开十余郡”[⑤]，“（元封二年）遣将军郭昌、中郎将

① 此类资料或者相关研究著作、论文可参见：莫友芝：《黔诗纪略》，贵州人民出版社，1993 年版；庞思纯：《明清 600 年入黔官员》，贵州人民出版社，2008 年版；贵州历史文献研究会编：《二十四史贵州史料辑录》，贵州民族出版社，2001 年版；吴夏平：《明代贵州移民诗人与地域诗风》，《中国典籍与文化》，2013 年第 3 期；廖荣谦：《循吏与教化：明代流官与贵州儒学建构——以方志为考察对象》，《湖北民族学院学报》，2014 年第 5 期等。此类著作、论文研究的重点偏重入黔官员的政治、文化活动，而对谪宦在贵州的生活环境及心态思想变化较少涉及。

② 〔汉〕司马迁：《史记》卷一《五帝本纪第一》，中华书局，2012 年版，第 28 页。

③ 〔汉〕司马迁：《史记》卷二《夏本纪第二》，中华书局，2012 年版，第 60 页。

④ 〔汉〕司马迁：《史记》卷一百一十六《西南夷列传第五十六》，中华书局，2012 年版，第 2991 页。

⑤ 〔汉〕班固：《汉书》卷二十七中之下《五行志第七中之下》，中州古籍出版社，1996 年版，第 530 页。

卫广发巴蜀兵平西南夷未服者，以为益州郡”①，继续加强对贵州地区的统治，推行郡县制。后世唐、宋多对贵州蛮荒之地实行郡县与羁縻相结合的政策，“唐、宋仅有空名，羁縻而已”②。元朝“至元十六年（1279），诸蛮降，置八番、罗甸等处军民宣慰使及都元帅府于贵州，是以有贵州之名也”③。

明代洪武年间，设置贵州、思州、思南三宣慰司；十五年（1382）正月，设立贵州都指挥使司，治贵州宣慰司。永乐十一年（1413），始置贵州等处承宣布政使司与都指挥同知，“十有一年（公元一四一三年），革两宣慰使析置府”④，从此，贵州成为中央王朝的十三个行省之一，结束了历史上辖区多变的分散状态，“贵州为内地自是始”⑤。随之而来的便是，“士君子崎岖仕路，远入边陲，君亲万里”⑥，揭开了贵州大开发与大发展的序幕。

黔为边地，“古荒服地也”，北抵蜀川，南达广西，东临湖广，西接云南，历代为兵家必争之地。贵州自纳入中央王朝统治范围以来，一度实施“土流分治，军政分管”的管辖措施，待统治逐渐稳固，便实行“改土归流”的政策，以流官、土官共同治理，逐步加强了对贵州地区的统治。随着承宣布政使司的设立，大批官宦入黔，入黔官宦以高度的责任感和居于中国传统文化的高度上，对贵州地区的文化教育做出了不朽的贡献。入黔官员“从入黔路径上来划分，约有流寓、迁谪、正常职务迁转三种”⑦。以下主要从谪宦人数、地域分布、迁谪原因、居住环境、异域风俗等方面入手，对明代迁谪贵州地区的官员的时空分布和心态观的变化等进行概括和总结。

---

① 〔汉〕班固：《汉书》卷六《帝纪第六武帝彻》，中州古籍出版社，1996 年版，第 42 页

② 《贵州通志》委员会：《贵州通志·宦迹志》，贵州人民出版社，2004 年版，第 1 页。

③ 〔清〕田雯：《黔南丛书·黔书》，贵州人民出版社，2010 年版，第 5 页。

④ 〔清〕犹法贤：《黔史》，贵州人民出版社，2013 年版，第 33 页。

⑤ 〔清〕犹法贤：《黔史》，贵州人民出版社，2013 年版，第 35 页。

⑥ 〔清〕田雯：《黔南丛书·黔书》，贵州人民出版社，2010 年版，第 58 页。

⑦ 吴夏平：《明代贵州移民诗人与地域诗风考论》，《中国典籍与文化》，2013 年第 3 期，第 36 页。

二、明代贵州谪官人数及其地域分布

永乐十一年（1413），明王朝在贵州地区设立承宣布政使司，贵州正式成为中央王朝的一个省，结束了境内各地区分属于周边各省的分散局面。由于贵州地处偏远，自然环境恶劣，明朝政府也把贵州作为流放罪官、惩罚罪官的重要贬谪地。

历代王朝对惩罚罪官、谪戍罪官的流放地的选择一般在自然环境恶劣，人烟稀少的“荒服”。而贵州地处偏远，自然受到统治者的“喜爱”，黔地向来为迁谪之地，在唐代与岭南齐名。明朝自1368年开国，到1644年国灭，在长达270余年的历史中，遭贬罢黜的官员不胜枚举，“贬官文化的产生似乎是“士”与“仕”撞击的必然结果”[①]。王守仁、邹元标、张翀等一大批贬谪官员入黔，对贵州文教做出了不可磨灭的贡献。

（一）明代贵州谪官人数

据民国《贵州通志·职官志》统计，从永乐十一年建省至明末崇祯间，在贵州省级机构的文职官员1137人。其中，总督27人，巡抚83人，巡按178人，布政使88人，参政128人，参议153人，按察使102人，按察副使及学政212人，分巡道及佥事166人。[②] 如果再加上各府、州、县的各级政府机构官员、武官等，中央政府派遣的官员数量是比较庞大的。前文已叙，入黔官员大致分为流寓、迁谪、正常职务迁转3种情况。而迁谪官员是其中一部分，笔者据弘治《贵州图经新志》《贵州通志·宦迹志》《贵州通志·人物志》《黔诗纪略》和嘉靖《贵州通志》等统计，从明洪武年间到南明弘光、永历年间[③]，贬谪贵州地区的官员共有96人。

① 廖建国：《不朽的贬官文化》，《福建商业高等专科学校学报》，2001年第3期，第35页。

② 廖荣谦：《循吏与教化：明代流官与贵州儒学建构》，《湖北民族学院学报》，2014年第5期，第140页。

③ 弘光（1644—1645）、永历（1646—1683）是南明（1644—1683）时期的两位皇帝的年号，贵州地区为其实际控制区，故计算在内。

表 1　　明代各朝迁谪入黔官员人数一览表

年号	人数	年号	人数	年号	人数
洪武	13	成化	10	天启	5
永乐	4	弘治	3	崇祯	8
宣德	2	正德	4	弘光	1
正统	1	嘉靖	15	永历	1
景泰	1	隆庆	2	未注明年代	7
天顺	1	万历	18	总计：96	

说明：本表数据来源于〔明〕沈庠、赵瓒撰：弘治《贵州图经新志》，巴蜀书社，2006 年版、《贵州通志》委员会编：《贵州通志·人物志》，贵州人民出版社，2001 年版；《贵州通志》委员会编：《贵州通志·宦迹志》，贵州人民出版社，2004 年版；〔清〕莫友芝、黎兆勋著：《黔诗纪略》，贵州人民出版社，1993 年版；〔明〕谢东山修，张道纂：嘉靖《贵州通志》，巴蜀书社，2006 年版。

从洪武年间 13 人、嘉靖年间 15 人、万历年间 18 人的数量分布来看，谪官被遣到贵州的时间跨度大，主要集中于明初和明朝末年，这从一个侧面反映了建国初期明太祖朱元璋用重典治吏的思想和明中后期吏治的混乱和政事的衰败。根据郭子章《黔记》中记载了洪武年间到万历三十二年入黔的公、侯、伯、总兵、都督、参将、守备等 462 人，第 28 卷录永乐十一年至万历三十五年入黔的总督、巡抚、巡按等共 929 人；第 29 卷录洪武至万历年间各州府知府、同知、推官、知州等共 919 人次[①]，这其中必然包括了迁谪入黔的官员，故实际被贬至黔的官员应该比本人所统计的要多得多，还望后来学者继续探寻。被贬入黔的官员，万里投荒，来到“西南之奥区也”[②]，历经艰险和困苦，推动了贵州历史的发展。

（二）明代贵州谪宦的地域分布

永乐十一年（1413），明王朝始设贵州等处承宣布政使司，“领府八、州九、县十四，宣慰司一，长官司三十九。后领府十、州九、县十四，宣慰司一，长官司七十六”[③]。“府十”为贵阳军民府、安顺军民府、都匀府、平越军民府、黎平府、思南府、思州府、镇远府、铜仁府、石阡府。“州九”为开州、广顺州、定番州、镇宁州、

① 〔明〕郭子章：《黔记·大事记》考释，贵州人民出版社，2013 年版，第 274 ～ 521 页。

② 〔清〕田雯：《黔南丛书·黔书》，贵州人民出版社，2010 年版，第 6 页。

③ 〔清〕张廷玉等：《明史》卷四十六志第二十二《地理七》，中华书局，1974 年版，第 1197 页。

永宁州、普安州、麻哈州、独山州、黄平州[①]。“县十四、宣慰司一，长官司七十六”在此不表。

笔者整理从明洪武年间到南明弘光、永历年间贬谪贵州地区的官员共96人。[②]

表2　　明代迁谪入黔官员地域分布一览表

所在府名	人数	所在府名	人数	所在府名	人数
贵阳府	32	安顺府	10	兴义府	5
大定府	4	遵义府	1	黎平府	8
都匀府	8	石阡府	4	镇远府	10
思南府	3	思州府	3	未注明地区	2
平越州	4	铜仁府	2	总计：96	

说明：本表数据来源同表1。

从上表可以得知，谪官在贵州各府、州均有分布，尤以贵阳府居多，因贵阳府为当时贵州布政司和宣慰司同治之所，“成化十二年七月分贵州宣慰司地置，治程番长官司。隆庆二年六月移入布政司城，与宣慰司同治。三年三月改府名贵阳”[③]，谪宦分布以贵阳府为中心，辐射全省，呈放射状减少，东由贵阳府、镇远府、黎平府依次递减；东南方向由贵阳府、都匀府依次递减；西南方向由贵阳府、安顺府、兴义府依次递减；西北方向由贵阳府、大定府依次递减；北由贵阳府、平越直隶州、遵义府依次递减；东北方向由贵阳府、石阡府、思南府、铜仁府依次递减。其中各府以遵义府最少，因遵义府于万历末年至清雍正年间才正式升为府。“（万历）三十有一年（公元一六零四年），巡抚郭奏，筑龙泉、瓮安、湄潭、馀庆、黄平等城，割播州地，分设遵义、平越二府”[④]。同时也表明了贵州建置一步步走向完善的过程。

综上所述，贵州自永乐十一年（1413）建省以来，迁谪官员数量不断增加，其分布区域逐步扩大，中央政府将统治逐渐深入到苗疆腹地，逐渐将整个贵州纳入统治正规中去，为贵州地区自身的经济发展、文化勃兴、政治兴隆奠定了坚实的基础。同

---

① 〔清〕张廷玉等：《明史》卷四十六志第二十二《地理七》，中华书局，1974年版，第1198～1213页。

② 据《贵州通志·宦迹志》《贵州通志·人物志》所整理，二者皆采用清朝区划，故本文采用清朝区划。

③ 〔清〕张廷玉等：《明史》卷四十六志第二十二《地理七》，中华书局，1974年版，第1198页。

④ 〔清〕犹法贤：《黔史》，贵州人民出版社，2013年版，第6页。

时，迁谪官员的逐渐增加，从一个侧面也显示出中央政府对贵州地区的日益重视。贵州地区的建置成熟，对于周边云南、四川、广西、湖广良处颇多，使西南地区的政治区划更加合理，更加适宜统治阶级的需要。

三、明代贵州谪宦的谪居心态

明朝是贵州发展历史的重要转折点，洪武年间置贵州都指挥使司，永乐年间置承宣布政使司，嘉靖年间贵州单独开科取士[①]，行政区划建置日益完善。但由于贵州历来民贫地狭，“藉黔之入，不足以当中土一大郡。又汉夷错居，而夷倍蓰焉。以此，宇内往往少黔，其官于黔者，或不欲至，至则意旦夕代去，固无怪其然。乃士生其间，或亦谬自陋”[②]，又地处西南蛮荒，且交通极为不便，迁谪官员政治地位的变化、生存环境的变化及当地社会文化、风俗的不同必然对谪宦的心态和思想产生影响。

（一）政治地位的变化与谪宦对政治前途的担心

平步青云是中国士大夫入仕后的理想状态，然而，由于各种原因，仕途曲折反而是士人为官的常态。明朝众多官员因政治斗争、职务犯罪等原因遭贬罢黜。其中，被谪遣至黔，其思想亦因此发生较大变化。

1. 担心被帝王抛弃

明代贬谪贵州官员的代表当推王守仁（字伯安）。正德元年（1506），当时任兵部主事的王守仁抗疏救戴铣，触怒了明武宗，武宗遂下令将王守仁廷杖四十，谪为贵州龙场驿丞。王守仁初谪贵州，政治地位的变迁和现实的巨大落差使他产生了委屈失落之感。曾作五首《去妇叹》，以妇女自喻，序云：“楚人有间于新娶而去其妇者。其妇无所归，去之山间独居，怀绻不忘，终无他适。予闻其事而悲之，为作《去

① 〔清〕田雯：《黔南丛书·黔书》，贵州人民出版社，2010 年版，第 9 页。

② 〔明〕郭子章：《黔记·大事记》考释，贵州人民出版社，2013 年版，第 1 页。

妇叹》。”[①] 诗云：“委身奉箕帚，中道成弃捐。苍蝇间白璧，君心亦何愆？”[②] 又如成化十四年（1478）由广东布政使谪戍贵州的彭韶《寄（石阡）知府祁顺》：“人过中年百事休，自知涯分更何求。红尘紫陌无新梦，秋鹤春猿有别愁。云洞远钟山舍静，玉湖疏雨草堂幽。”[③] 又有嘉靖三十七年（1558）由刑部云南司主事谪戍都匀的张翀有《秋叶有怀》诗：“一入罗施国，于今已二秋。关河万里隔，风雨四时愁。客梦依亲舍，羁情总戍楼。皇恩天浩荡，何日下蛮州。”[④] 从以上谪宦的诗作中可以读出谪宦对深入黔地不满，担心被帝王抛弃的忧虑之感，以及对自己远谪贵州，仕途不顺、前途未卜的哀愁之情。

2. 担心不能实现自己的政治抱负

王守仁初谪贵州，曾作诗《溪水》：“溪水清见底，照我白发生。年华若流水，一去无回停。悠悠百年内，吾道终何成。”[⑤] 永乐初年谪戍五开卫的上虞人顾亮作诗《述怀》：“轻车辞故国，寥寂客愁深。回首家何在，潸然泪满襟。”[⑥] 再如彭韶《寄（石阡）知府祁顺》云：“左官未敢轻言出，且寄愁情与白鸥。”[⑦] 从上面的诗作体现出谪宦们对政治地位转换的不适应和极欲摆脱谪戍身份的渴望之情。官员被贬贵州，政治地位的更迭使谪宦不免对自身的仕途产生巨大的担忧，担心难以实现自己的政治抱负。谪宦失落孤愤情绪的产生，固然与贵州地处荒服，向来为迁谪之地的弃逐传统有关。官员被逐贵州，仕途进取无望，才使众多贬官道出了“吾道终何成”的感叹。

（二）生存环境的变化与谪宦对修身立命的担忧

谪宦千里迢迢，奔赴贵州，他们从富庶的中原地区或江南来到了“连峰际天兮飞鸟不同，游子怀乡兮莫知东西”[⑧] 条件最为艰苦的贵州，清朝学者田雯在《黔书》中

---

① 〔明〕王守仁：《王阳明全集》，上海古籍出版社，1992 年版，第 692 页。

② 〔明〕王守仁：《王阳明全集》，上海古籍出版社，1992 年版，第 692 页。

③ 〔明〕沈庠、赵瓒：弘治《贵州图经新志》，巴蜀书社，2006 年版，第 41 页。

④ 闫毅：《孤本〈鹤楼集〉及其戍客诗略述》，《广西地方志》，2012 年第 6 期，第 55 页。

⑤ 〔明〕王守仁：《王阳明全集》，上海古籍出版社，1992 年版，第 697 页。

⑥ 〔清〕莫友芝、黎兆勋：《黔诗纪略》卷一，贵州人民出版社，1993 年版，第 47 页。

⑦ 〔明〕沈庠、赵瓒：弘治《贵州图经新志》，巴蜀书社，2006 年版，第 41 页。

⑧ 中华书局编辑部：《名家精译古文观止》，中华书局，1993 年版，第 607 页。

云："余尝考昔人之不合于时而迁谪其官者，或投畀于蛮乡，或窜流于海外，潮阳、儋耳，比比然也。柳州、播州皆非善地，而播州非人所居，尤瘴疠荒徼之甚者"[①]，说明当时播州的居住环境极为恶劣。恶劣的自然环境必然使谪宦产生对死亡的恐惧和对生存的渴望。

1. 对死亡的恐惧感

贵州多山，"其地尺寸皆山，欲求所谓平原旷野者，积数十里而不得袤丈"[②]，且瘴疠充斥，"瘴气自镇宁以上，凡地之近粤者，即有"[③]。王守仁贬谪贵州之初，对在迁谪路上死去的吏目，有感而作的《瘗旅文》中便描述到：

> 夫冲冒霜露，扳援崖壁，行万峰之顶，饥渴劳顿，筋骨疲惫，而又瘴疠侵其外，忧郁攻其中，其能以无死乎？……幽崖之狐成群，阴壑之虺如车轮……自吾去父母乡国而来此，三年矣，历瘴毒而苟能自全，以吾未尝一日之戚戚也。[④]

王守仁看到3个客死异乡的谪吏，联想到自己也被迁谪龙场驿，面临同样的恶劣环境，不得不为自己的命运而担心。他在哀伤他人的同时，也在哀伤自己命运之多舛。明万历《贵州通志·艺文志》收录明代文人所作诗文，以其中收录诗、赋、歌、颂、谣、行、箴为例，10278篇作品中几乎篇篇都有对山重水复、道途辛苦的描述。[⑤]洪武年间随父谪戍普安的沈勖，作诗云："患难存余喘，飘零因远图。移家嗟蹭蹬，失路强指梧。此日营新宇，终日忆故都。肠从悲处断，眼向望中枯。"[⑥]"问君胡为万里去，小臣罪合投穷蛮。"[⑦]身处穷蛮之地，不得不受瘴疠煎熬，似乎无罪之人，也怀

---

① 〔清〕田雯：《黔南丛书·黔书》，贵州人民出版社，2010年版，第75页。
② 〔清〕田雯：《黔南丛书·黔书》，贵州人民出版社，2010年版，第1页。
③ 〔清〕田雯：《黔南丛书·黔书》，贵州人民出版社，2010年版，第103页。
④ 中华书局编辑部：《名家精译古文观止》，中华书局，1993年版，第607页。
⑤ 杜国景：《地域、区域与文化自信》，《杉乡文学》，2012年第2期，第65页。
⑥ 〔清〕莫友芝、黎兆勋：《黔诗纪略》卷一，贵州人民出版社，1993年版，第36页。
⑦ 〔清〕田雯：《黔南丛书·黔书》，贵州人民出版社，2010年版，第75页。

疑自己有罪理应受此惩罚。这些诗作是对谪宦生存环境的真实写照，高山远地、瘴雨疠气，恶劣的生存条件使谪宦对自己洁身自好的道德追求产生了怀疑，甚至对能否生存都产生了深深的担忧。

2. 精神上的反省与追问

谪宦一旦远离政治中心，往往会开始注意底层民生，也开始有时间反思生存、政治，乃至人生的方法和意义。其中，迁谪贵州的王守仁，在龙场谪所的反思和追问，最能说明谪宦思想的波动与感悟。王守仁在龙场，面对恶劣的生存环境，并没有一直消沉，而是以孟子的名言“天将降大任与斯人也，必先苦其心志，劳其筋骨，饿其体肤，空乏其身，行拂乱其所为，所以动心忍性，增益其所不能”[①]来勉励自己。他在龙场期间曾作《龙岗漫兴五首》中云：“投荒万里入炎州，却喜官卑得自由。心在夷居何有陋？身虽吏隐未忘忧。”[②]“白云晚归忆岩洞，苍藓春应遍石床。寄语峰头双白鹤，野夫终久不龙场。”[③]这些诗反映出王守仁在恶劣环境中颓丧与抗争相互交织的心态，一方面，他怀疑自己的所悟所想所做在这蛮荒之地是否可以留传下来，另一方面他又不甘心退避让步，因而从心底发出了“野夫终久不龙场”的呐喊，产生了精神上的反思与对生命的追问。逐渐适应恶劣环境后，谪宦由对生存环境的关注转向了对精神上的追问与思考。王守仁适应了谪所当地恶劣环境之后，在这个没有政治纷争、没有世俗扰乱的地方，“王守仁心中万念俱泯”[④]，潜心思考，产生了对自己精神的拷问与反思，最终“忽中夜大悟格物致知之旨”“始知圣人之道”[⑤]。在谪居龙场3年中，是王守仁思想体系形成的关键阶段，“这三年无疑是他人生的最低点。但是这个最低点，从另一个角度上说它又是最高点，是王阳明最光辉灿烂的时期”[⑥]。王守仁通过龙场悟道，为心学的诞生奠定了基础。

---

① 〔战国〕孟轲：《孟子》，岳麓书社，2000年版，第223页。

② 〔明〕王守仁：《王阳明全集（中）》，中央编译出版社，2014年版，第641页。

③ 〔明〕王守仁：《王阳明全集（中）》，中央编译出版社，2014年版，第642页。

④ 王觉仁：《王阳明心学》，民主与建设出版社，2015年版，第39页。

⑤ 〔清〕田雯：《黔南丛书·黔书》，贵州人民出版社，2010年版，第76页。

⑥ 余怀彦：《王阳明与贵州文化》，贵州教育出版社，1996年版，第7页。

（三）当地社会文化、风俗不同使谪宦产生发展当地文教的责任感

许多官员像王守仁一样，由富庶之处来到贵州荒芜之地，最初他们流露出愤懑不平之感，然而面对现实，他们不得不适应环境生存下去，有些谪宦还充满着儒士的责任感和使命感，不以蛮地为陋，教民以文化，授民以知识，推动贵州文教的发展。

1. 移风易俗的责任感

贵州向来为汉夷杂居之地，外来移民甚多，“其人自军屯卫所官户戍卒来自他方者，虽曰黔人，而皆能道其故乡，无不自称为寓客；其真黔产者，则皆苗、僮、仡佬之族”①。谪宦多是汉族，从中原或江南不远千里来到少数民族众多的贵州地区，社会文化的不同、社会风俗物产的差异也会对谪宦思想产生巨大的影响，直接体现在其文章作品当中。如成化间由给事中被谪为镇宁州同知的萧显《宿普利驿》诗云：“檐外雨声连夜响，客边人对一灯昏。州衙荒落知何处，夷俗腥膻不可言。白日尚遗吾道在，皇天应鉴此心存。勤民六事愧难尽，岂有消埃答圣恩。”② 在中原士大夫心中，贵州官衙冷清，夷俗野蛮。但受到忠孝教育的谪宦，虽身处夷地，却仍能勤于政事，做到慎独、忠君。王守仁初来龙场，当地向来为刀耕火种，未免遭绝粮断炊之苦，即向当地百姓学习种菜植粮，曾作诗：“谪居履在陈，从者有愠见。山荒聊可田，钱镈还易办。夷俗多火耕，仿习亦颇便。”③ 此外谪宦对贵州物产也比较感兴趣，如永乐初贬谪贵州的顾亮作诗《洞锦歌》：“郎锦鱼鳞纹，侬锦鸭头翠。侬锦作郎茵，郎锦裁侬被。茵被自两端，终生不相离。”④ 洞锦是黎平府属地青特洞等处所产，显然洞锦对于迁谪贵州的顾亮颇具新鲜之感。谪宦来到贵州，对于异地物产、风俗产生好奇之心，逐渐意识到谪所也有美丽的风光，也有淳朴的民风，反而融入当地生活中，短暂地忘却了被帝王抛弃的忧愁，并作诗对其讴歌和赞美。但面对“夷族腥膻”时，部分谪宦尽力对当地的陈规陋习进行改造，以教化当地民众，改善习俗。王守仁在龙场期间注

① 〔清〕田雯：《黔南丛书·黔书》，贵州人民出版社，2010年版，第1页。

② 〔明〕沈庠、赵瓒：弘治《贵州图经新志》，巴蜀书社，2006年版，第107页。

③ 〔明〕王守仁：《王阳明全集》，红旗出版社，1996年版，第605页。

④ 〔清〕莫友芝、黎兆勋：《黔诗纪略》卷一，贵州人民出版社，1993年版，第46页。

重对当地少数民族的礼乐教化，以乐教作为陶冶情操的方式，以礼教来移风易俗，认为“其栽培涵养之方，则宜诱之歌诗以发其志意，导之习礼以肃其威仪”[①]。正是由于王守仁等谪宦的努力，才有“始贵人士未知学，先生与群弟子日诵良知之旨，听者勃勃感触，日革其浇漓之俗而还诸淳。迩者衣冠济济，与齐鲁并，先生倡导之德，至今不衰”[②]。由此可见，王守仁在贵州传教布道、教化士民的精神，的确是值得称赞的。

2. 发展教育文化的责任感

明朝以前，贵州地区因久处文化边缘之地，礼义不兴，正如《黔书》所言：“窃惟全黔边徼遐陬，民苗杂居，向者礼让未兴、剽悍成习。”[③]外界视贵州为荒蛮野地，文教所不及。至明代，中央政府为加强对西南边陲的治理，重视对贵州地区的开发与管理，文化与教育必然摆在了关系发展与建设全局的重要位置。有些谪宦入黔后，也把改变当地落后的文教状况作为自己的重要责任。部分谪宦自觉担起发展当地教育文化的重担。首先，他们兴办书院，传播儒学。王守仁在龙场兴办龙冈书院、讲学文明书院；邹元标在都匀创办龙山书院，又因为他号“南皋”，谪戍都匀后当地人民为之兴建南皋书院；张翀谪戍都匀，都匀士子为之兴建鹤楼书院等[④]。其次，他们还在当地创办社学，普及基础教育。“阳明寓贵时，村村兴社学，处处有书声，盖喜其向道知方也。”[⑤]反映了谪宦促进了贵州当地基础教育的进步，贵州学风民风为之一变。王守仁、邹元标、张翀等儒学大家迁谪贵州后，高倡儒学，教化夷民，大大促进了谪所文化教育的发展，对贵州民族教育和社会发展起到了重要的作用。

（四）贵州谪宦心态的变化特点

经过对政治地位的变化，生存环境的变化，当地社会文化、风俗不同对谪宦思想状况影响的探析，可以看出官员迁谪贵州，政治地位的陡然下降、生存环境的急剧

① 〔明〕王阳明：《王阳明全集》（一）语录·文录，中国书店，2014年版，第76页。

② 余怀彦：《王阳明与贵州文化》，贵州教育出版社，1996年版，第72页。

③ 〔清〕田雯：《黔南丛书·黔书》，贵州人民出版社，2010年版，第9页。

④ 欧多恒、王正贤：《明清时期的贵州教育》，《贵州社会科学》，1984年第3期，第54页。

⑤ 〔明〕沈思充，许一德：万历《贵州通志》，书目文献出版社，1990年版，第62页。

恶化、初入黔境对社会风物的陌生，给迁谪官员带来了极大的不适应。谪宦的心态思想变化特点如下：

1. 从远弃南荒的挫折感逐渐发展为天高皇帝远的自由感

明朝官员因政治斗争、职务犯罪等各种原因遭贬罢黜，被谪遣至黔。仕途陡然的变化，从富庶京都或江南流寓荒服黔地，使被贬官员产生了担心被帝王抛弃与担心不能实现自己政治抱负的深深忧虑感，产生了孤独苦闷的挫折感。王守仁迁谪龙场之初，精神受到了严重打击，在赴龙场途中作诗《罗旧驿》："客行日日万峰头，山水南来亦胜游。布谷鸟啼村雨暗，刺桐花暝石溪幽。蛮烟喜过青杨瘴，乡思愁经芳杜洲。身在夜郎家万里，五云天北是神州。"[①] 诗中描述了作者辛劳赶路，但却不以为累，将迁谪赶路比作一场游览，小村昏暗、刺桐失色、山溪幽静、炊烟袅袅，引起了自己淡淡的乡愁，然而笔锋一转，凄凉苦闷之调遂化为"身在夜郎家万里，五云天北是神州"的境界，放眼望去，离家万里，京师也已是五云小镇的地方，显得格外自由坦荡。万历年间谪戍都匀的邹元标《都匀龙山》云："曲径排云上，层岩插碧空。古木环青霭，烟霞乱石丛。摩岩拭古偈，翻经一叩钟。昙摩今何在？偓佺竟不逢。真是逍遥趣，泠然欲御风。"[②] 诗中写出了作者谪所龙山当地的自然风光与人文景观，在对名胜的"拭"和"叩"中，浮想联翩，仿佛有"逍遥"之感，羽化成仙之状，展现了作者远离权力中心那份心灵自由与情趣逍遥。

2. 从安身立命的焦虑感发展为天人关系的内心反思

谪宦多从丰腴富庶中原或江南被贬至"毒溪瘴岭，蔽日寻云，一线羊肠，袅空切汉，行路之难，难于上青天"[③] 的贵州。嘉靖三年（1524）被贬云南永昌卫的杨慎，途经贵州时，曾作诗"鬼方昔云遐，罗甸今初入。阴霾暄凝交，瘴气昏晓集。长亭比县遥，咫尺如棘涩。石行蹶昆蹄，沙炊烟蒸粒"[④]，描写了贵州气候恶劣、瘴

① 〔明〕王守仁：《王阳明全集》（中），中央编译出版社，2014 年版，第 633 页。
② 贵州古典文学学会：《贵州古典文学作品选》，贵州教育出版社，1994 年版，第 43 页。
③ 〔清〕田雯：《黔南丛书·黔书》，贵州人民出版社，2010 年版，第 6 页。
④ 黄万机：《客籍文人与贵州文化》，贵州人民出版社，1992 年版，第 278 页。

气弥漫、路途艰辛的景象。王守仁初谪龙场时，“龙场在贵州西北万山丛棘中，蛇虺魍魉，蛊毒瘴疠，与居夷人鸟鴃舌难语，可通语者，皆中土亡命”[1]。谪宦不远千里，来到贵州最艰苦的地方，生存环境的急剧恶化，使谪宦产生了对丧失生命的恐惧不安之感，但经过一段时间的“相处”，在孤独愤懑之中，谪宦也在不断地自我调整，进而产生了精神上的反思与追问。成化十九年（1483）由江西左参政迁谪石阡府的祁顺，在其《记》中云：“郡属贵州，在京师西南七千里外，古夜郎牂牁之域。朝廷使有罪者居之，盖欲其尝险阻履忧危，而省恭思咎也。幸今天下承平，四夷百蛮罔不徙化，而贵州自入职方，百有余年，民乐耕稼，士知问学，顽横之俗变为衣冠礼乐久矣。石阡地阻而僻，其民朴而少争，贡赋易完，宾客罕至。吏于是者，无迎送之劳，无催征之迫，无狱讼之扰，而山水登临之乐，乃兼有焉。是故仰而观山则适乎目，俯而听泉则适乎耳，悠游与诗书文艺觞咏之间，则适乎心，出入起居动作食息，无适而不适也。”[2] 可知其从最初省恭思咎到悠然自得欣赏山水的闲适之心。王守仁迁谪龙场，谪所风光自然、百姓淳熙，正是在这样和谐的环境之下，感受到蛮荒之地天人合一的生活模式，他反省自身，追求真我，感悟天人关系，最终悟道得旨，从而获得天人合一的全然洞开，同时这种模式经过王守仁的深思和感悟，逐渐发展为心学哲学的重要内容。

3. 从奇风异俗的排斥感发展为教化安民的责任担当

官员迁谪贵州后，面对当地的夷俗苗人、落后的文化习俗，多以促进文教发展、改善民俗为己任，以儒家正统自居，本着华夏中原士大夫的“济世”精神，把自己所学所养融入这片土地上，在迁谪之地兴学办教、启迪民智，对繁荣一方做出了应有的贡献。“职方志在所，不废风俗；通自昔已然，率土攸同”[3]，“化行俗美，因革莫拂乎人情；凿井耕田，升平总归于帝力”[4]。文中将“升平”归于“帝力”难免不为溢美之词，而“帝力”的具体执行者就是入黔官员，入黔官员必然包括迁谪入黔的官员。正

① 〔明〕王守仁：《王阳明全集》，上海古籍出版社，1992 年版，第 1228 页。

② 〔明〕沈庠、赵瓒：弘治《贵州图经新志》，巴蜀书社，2006 年版，第 70 页。

③ 〔清〕田雯：《黔南丛书·黔书》，贵州人民出版社，2010 年版，第 23 页。

④ 〔清〕田雯：《黔南丛书·黔书》，贵州人民出版社，2010 年版，第 23 页。

是在众多官员的共同努力之下，贵州才有“升平”之景象。

在儒家道义的支撑下，谪宦同入黔官员一道，为贵州的文教发展、习俗更易做出了自己的努力。谪宦更以其独特的方式，沟通贵州与中原，为中原文化在贵州的传播奠定了坚实的基础，也为贵州文化在中原占有一席之地奏响先声。

总体来说，明代贵州地区谪宦为贵州政治发展、文化昌盛、经济繁荣做出了一定的贡献。《资治通鉴》云“商鉴不远，在夏后之世”[①]，明代贵州谪宦的研究对于更加深入全面地了解黔地有着重要的学术意义，也对于贵州开放发展、吸收外来成果促进本地社会文化发展有重要的启发。

① 〔宋〕司马光：《资治通鉴》，中华书局，1982年版，第34页。

附：明代贵州谪宦表

凡例：附录中史料出处部分，“弘”指〔明〕沈庠、赵瓒撰弘治《贵州图经新志》，巴蜀书社，2006年版。“黔”指〔清〕莫友芝、黎兆勋著《黔诗纪略》，贵州人民出版社，1993年版。“嘉”指〔明〕谢东山修，张道纂嘉靖《贵州通志》，巴蜀书社，2006年版。“人”指《贵州通志》委员会编《贵州通志·人物志》，贵州人民出版社，2001年版。“宦”指《贵州通志》委员会编《贵州通志·宦迹志》，贵州人民出版社，2004年版。“辑”指贵州历史文献研究会编《二十四史贵州史料辑录》，贵州民族出版社，2001年版。

表3

时间	谪宦	谪前所任	贬谪原因	流放地（贬谪官职）	出处
贵阳府（本程番府）					
洪武初	孔　文		以知府谪贵阳	贵阳	人1341
洪武间	伍　建	登进士第	以言事谪贵阳	贵阳	弘41
永乐时	林文中	以道术征		贵阳	人1291
正统间	吴　亮	副总兵	逮下狱	都督佥事	宦188
景泰二年（1451）	张　海	广东道御史	与左都御史寇琛不相能	贵州按察使	宦126
弘治十五年（1502）	叶　相	给事中	首劾刘瑾	贵州参议	宦102
正德元年（1506）	王守仁	兵部主事	守仁抗章救，瑾怒	龙场驿丞	辑607
正德九年（1514）	张　原	吏科给事中	上疏言六事	新添驿丞	辑605
嘉靖间	杨　僎	给事中	以给事中任布政司添注理问	布政司添注理问	嘉431
嘉靖间	刘养直	给事中	以给事中任布政司添注照磨	布政司添注照磨	嘉432
嘉靖间	王学孔	给事中	以给事中任都司经历	都司经历	嘉432
嘉靖三年（1524）	杨　慎	翰林学士	力谏帝震怒	云南永昌卫（途经贵州）	辑605
嘉靖九年（1530）	陈邦敷	贵州巡抚、监察御史	以言事谪新添驿丞	新添驿丞	宦148
嘉靖十一年（1532）	蒋　信	贵州提学副使	坐擅离职守	除名	辑672
嘉靖二十四年（1545）	王学益	贵州巡抚	言官所劾	削为民	辑681
嘉靖二十七年（1548）	张　岳	总督湖广川贵军务、右都御史	嵩父子故憾岳	夺右都御史	辑609
隆庆二年（1568）	王恩民	湖广参议	恩民独另赙如常仪，张意不悦	贵州参议	宦149
万历间	林秉汉	浙江道监察御史	遂讦秉汉为正域鹰犬	贵州按察司检校	辑622
万历间	夏　嬿	刑部郎中	因问中珰失火罪，为珰所中	贵阳府通判	人1342
万历间	曾文纬	刑部主事	与谢廷瓒疏请立储	贵州布政司照磨	人1342
万历五年（1577）	鲁　钦	贵州总理	中伏，败死者千人	充为事官	辑664

续表 3

时间	谪宦	谪前所任	贬谪原因	流放地（贬谪官职）	出处
万历二十七年（1599）	江东之	贵州巡抚	复以遣指挥杨国柱讨杨应龙败绩事	黜为民	辑 621
万历二十八年（1600）	童元镇	贵州总兵官	总督李化龙劾之	充为事官	辑 625
万历二十八年（1600）	吴　广	贵州总兵	有言其受贿养寇者	充为事官	辑 630
万历二十八年（1600）	刘　綎	都督同知、四川总兵官	言官谓綎尝纳应龙贿	谪为事官	辑 624
天启二年（1622）	张我续	川贵总督	干没军资六十万	解职候勘	宦 46
崇祯初	李中行	右参议	燮元奏夺中行官	夺中行官	宦 170
崇祯间	尹思民	上杭知县	解官家居	解官	人 220
崇祯间	顾人龙		解职家居	解职	人 220
崇祯七年（1634）	詹时雨	苏松参议	忤权贵	贵州提学佥事	宦 167
崇祯十年（1637）	朱燮元	贵州巡抚、少师	所抚土目有叛者，诸将方国安等军败	坐贬一秩	辑 637
弘光间	李若星	兵部右侍郎、右佥都御史	福王时，解职	解职，寓居贵州	辑 631
永历间（清顺治间）	吴中蕃	礼部仪制司郎中	以言事忤旨罢归	罢归	人 70
安顺府					
洪武初	张伯裕	贤良方正	以耿直不阿谪安顺州吏目	安顺州吏目	宦 218
洪武初	陈　迪		洪武初谪戍贵州境内	贵州普定	弘 41
洪武间	许　堪	河南道御史	抗疏不阿	普定马场镇	人 1343
洪武十八年（1385）	高　巍	前军都督府试左断事	因断事不称旨	关岭	人 1343
成化间	李　端	御史	刚毅不挠，屡忤权贵	普定	人 1344
成化间	萧　显	给事中	因言忤旨	镇宁州同知	宦 219
弘治间	刘天麒	分司臣梁	斥之刘瑾	安庄驿丞	宦 221
	王　观		谪戍普定	普定	弘 154
	冯　侃		戍普定	普定	人 1344
	许邦才	长史	谪官永宁	永宁	人 1345
兴义府					
洪武中	孙　宁		谪戍普安	普安	人 1348
洪武中	沈　勖		从父戍普安	普安	人 1348
成化初	王　徽	南京刑科给事中	疏陈四事	普安判官	辑 600
成化间	丁　玑	中书舍人	以他事谪玑普安州判	普安州判	人 1349
	汪　溥		从父戍普安	普安	人 1349

续表 3

时间	谪宦	谪前所任	贬谪原因	流放地（贬谪官职）	出处
			大定府		
洪武间	李仲宣	御史	不阿权要	乌撒	人 1349
宣德初	月　溪		以罪戍赤水	赤水	人 1298
嘉靖五年（1526）	章　纶	山西佥事	治疑狱忤旨	乌撒	人 1349
万历间	陈　玠	都御史	以边事谪居赤水	赤水	人 1350
			遵义府		
崇祯十七年（1643）	何　刚	本司员外郎	士英恶之	遵义知府	辑 667
			黎平府		
洪武间	全　琮	礼部祠祭员外	以纠仪忤权贵	铜鼓卫	人 1355
洪武间	储　容	广西布政使	因忤权贵	铜鼓卫	人 1355
永乐初	黄宗载	湖广按察司佥事	巨奸宿猾	铜鼓、五开	辑 581
永乐初	顾　亮		廷议以擅离任所	五开卫	黔 44
永乐二年（1404）	范　清	福建道御史	以言事谪铜鼓卫	铜鼓卫	人 1356
正德中	陆　洙	工部侍郎	以诗讽逆珰刘瑾	五开卫黄团驿	人 1356
嘉靖间	孙继鲁	淮安知府	织造中官过淮，继鲁与之忤	黎平	辑 611
万历间	杨天民	礼科给事中	与同官王士昌建言立储忤旨	永从县典吏	人 1356
			都匀府		
宣德间	廖　驹		宣德中，从戍都匀	都匀	弘 41
嘉靖三十七年（1558）	张　翀	刑部云南司主事	疾严嵩父子乱政，抗章劾之	都匀	辑 613
隆庆中	李　佑	巡抚广东	被劾罢归	罢归	人 41
万历间	邹元标	观政刑部	张居正夺情，元标抗疏切谏	都匀卫	辑 622
万历间	陈尚象	刑科左给事中	疏陈建储事	廷杖削籍	人 44
万历间	孙世祯	南工科给事中	祯上疏极谏	敕罢	人 358
崇祯七年（1634）	刘宇烈	兵部右侍郎		都匀	人 1358
	孔宗海	守阿迷州	被中份归	归	人 289
			石阡府		
成化间	刘　清	刑科给事中	以刑科给事中谪石阡府经历	石阡府经历	人 1358
成化十九年（1483）	祁　顺	江西左参政	后以诖误左迁贵州石阡府	贵州石阡府	宦 237
正德间	徐　节	巡抚山西	会逆瑾擅政，见忤	削秩罢归	人 31
嘉靖间	郑一信	刑部郎中	寻中谗调石阡郡	石阡郡	宦 239
			镇远府		
天顺间	陈　溱	户部主事	以户部主事谪居黄平	黄平	人 1360
成化间	高　鉴	兵部主事	以言事忤中贵人	镇远府通判	宦 230
弘治二年（1489）	李文祥	兵部主事	以吉人事下狱	贵州兴隆卫经历	辑 604
嘉靖间	周　琉	给事中	以给事中任镇远县典吏	镇远县典吏	嘉 432

续表 3

时间	谪宦	谪前所任	贬谪原因	流放地（贬谪官职）	出处
嘉靖二年（1523）	罗　凤	御史	凤不应，遂被劾	贵州镇远	宦 231
万历间	王士昌	礼科给事中	以建言立储忤旨	镇远县典吏	人 1359
天启间	黄龙光	少卿	以忤魏珰戍偏桥	偏桥	人 1359
天启间	邓　渼	巡抚	为魏忠贤所恶	清浪	人 1359
崇祯间	胡　澥	河南提学	以忤强藩	兴隆卫	人 1360
	司马星		同弟昌流寓黄平	黄平	人 1360
平越直隶州					
洪武间	李　山		以事降调本卫指挥佥事	指挥佥事	宦 185
洪武间	张三丰	刑曹吏	辟囚劫狱	平越	人 1307
成化间	金　声			平越	人 1360
嘉靖八年（1529）	陆　粲	给事中	以给谏劾张璁、桂萼	都镇驿丞	人 405
思南府					
万历间	杨　淮	知县	以知县改任思南府教授	思南府教授	宦 260
万历间	郭如星	吏科给事中	与同官陈维春疏论楚珰	印江县典吏	宦 263
	谢　仁	大足县知县	以大足县知县改任思南府教授	思南府教授	宦 260
思州府					
成化间	李　时	甘肃平凉知府	忤逆瑾	思州府	宦 248
嘉靖间	余　翱	四川道御史	以议大礼	平溪	人 1365
天启五年（1625）	熊明遇	南京右佥都御史	坐汪文言狱	贵州平溪卫	辑 651
铜仁府					
万历间	陈维春	刑科给事中	以同郭如星论禁珰陈奉	铜仁府典吏	人 1366
万历二十九年（1601）	许子伟	吏科给事中	以论寺人张栋	铜仁府经历	人 1366
未注明地区者					
成化十四年（1478）	彭　韶	广东左布政使	语侵芳，芳怒	贵州	宦 124
天启间	胡良机	御史	忠贤憾之	贵州	辑 651

A Textual Research on the Newly Discovered *Ming Dai Zeng Huang Men Zheng Shi Chen Shi Ru Ren Mu Zhi*

新见《明待赠黄门正室陈氏孺人墓志》考释

钱汝平 ①
Qian Ruping

内容摘要

明末杰出书家张瑞图一生落笔矜慎，不轻易作文，但他竟从一位并无深交的底层儒生之请，为其妻撰写了墓志铭。这方新见墓志是张瑞图的一篇珍贵佚文，对考察张瑞图一生的行踪以及天启末年的政治处境和心理状态都有一定的参考价值。

关键词

张瑞图　墓志　佚文　结衔　心境

Abstract

Zhang Ruitu, an outstanding calligrapher in the late Ming dynasty, wrote carefully and not easily, but he accepted the request of a Confucian scholar who had no deep friendship with him and wrote an epitaph for his wife. This newly discovered epitaph is a lost and precious article written by Zhang Ruitu, which has certain reference value for investigating Zhang Ruitu's life, political situation and psychological state in the late Ming dynasty.

Key words

Zhang Ruitu　epitaph　lost articles　official rank　mood

① 钱汝平，1975 年生，浙江嵊州人，博士，绍兴文理学院越文化研究院副研究员。研究方向为地方文献。

近日，笔者从专门收藏墓志和古甓的会稽金石博物馆获睹一方《明待赠黄门正室陈氏孺人墓志》。这方墓志长 71 厘米、宽 43 厘米，共 24 行，满行 36 字，总 674 字。墓志保存完好，文字清晰可辨。墓志作者是明代杰出书家张瑞图。张瑞图留下的著作不多，只有诗集《白毫庵内篇》《外篇》《杂篇》数卷而已，而文集则未见传世。其传世书法墨迹[①]中也偶有自撰之文，但未见这篇墓志，可以肯定上述墓志是张瑞图的一篇珍贵佚文。这篇佚文对考察张瑞图的一生行迹有一定的文献史料价值，兹将其释读标点，再略作阐释。

一、释文

江若海刻

明待赠黄门正室陈氏孺人墓志

赐进士及第建极殿大学士少保兼太子太傅礼部尚书晋江通家侍生张瑞图撰文

赐进士出身中宪大夫福建邵武府知府进贤通家侍生金廷璧书丹

不佞上公车时，道经富沙，审知名儒勉斋黄公理学渊源，俨然名教之任，不佞窃向往焉。恨不能躬领真传，数百年间徒切羹墙以私淑。继而驰驱王事，下榻黄生煜之门，始知为勉斋公裔也。间出文字相质，青箱武库，尺壁夜光，心甚奇之。数年来，与黄生交最深，复悉其有贤内助为陈氏孺人，而适其捐杯棬，黄生以圹状请，不得不为之志。按孺人出自戊戌会魁衡州守陈玉海公女也。陈家世簪缨，袍笏蝉联，孺人毓秀名家，恬素自娱，了无脂靡气。逮赋于归，为恩平尹黄维石公冢妇，恪共妇道，祗事其姑氏，昕夕辛勤，甘髓修洁，三姑咸敬重之，毫无间言。其相夫子，警鸡鸣，勤劝学，果尔锦标黉序，名艳南雍。且俭勤持家计。妯娌之间，嘘温呵寒，视无隔体。乡闾族党，靡不衔施。御臧获严和有度，中外肃如。又复朝夕焚香，修斋拜祷，以祝其姑既寿且康。偕黄生尽孝道，不愧名儒贤裔。凡

① 刘正成主编：《中国书法全集》（第 55 卷），荣宝斋，1992 年版。收罗张瑞图书迹比较齐备。

《烈女》《大家》诸书，亦略谙识，洵女中豪杰也。课诸子，防闲惟谨，闺仪既肃，母教用章。若孺人者，亶可步山南齐少君，埒竖淑媛，将令春秋彤管几髡毛颖矣。固宜获天眷，享期颐，与夫子共食天禄于有永。夫何一梦，遽会瑶池耶？孺人生于万历丁酉年十一月初九日丑时，卒于天启丁卯年九月十八日已时，享年三十有一。子三：长堦，聘国子生张公子士选女；次堺，又次壎，俱未聘。女二，长女许广东大参朱公孙国子生鸿胤男长禧。兹以本年十一月初九日卜葬于蛟窟白鸪仓山，坐巽向乾，乃芝城发祥之区。异日夫子抟风九万，紫珈玉检，贲锡岗阡，以表孺人生前之德于不泯，庶不佞之言为有征。铭曰：

◎ 明待赠黄门正室陈氏孺人墓志

天产孺人，太阴储精。少而雍肃，长而幽贞。孝敬敦睦，中外咸评。一旦殂落，宝婺掩晶。有德即寿，有后即荣。天眷方笃，松楻[1]驰旌。

天启七年岁次丁卯仲冬九日

夫煜，男堦、堺、壎仝立石

二、志主生平家世

志主陈氏生于万历丁酉年（1597），卒于天启丁卯年（1627），享年只有31岁。她早年嫁与南宋理学大师朱熹高弟勉斋先生黄幹的后裔黄煜。其父是“戊戌会魁衡州守陈玉海”，戊戌是万历二十六年（1598），考乾隆《衡州府志》卷二十一《职官》，明知府中有陈珪，注云：“福建建安人，进士，万历四十五年任。”当是此人，陈珪当是字玉海，名字相应。墓志又称“陈家世簪缨，袍笏蝉联”，由于书缺有间，其事已难得其详。陈氏之夫黄煜，据墓志提供的信息，确切地说，应该是建宁府建安县人，因

① “楻”疑当作“篁”，因上字为“松”，故类化为“楻”。

为墓志提到陈氏葬于“蛟窟白鸪仑”，据民国《建瓯[①]县志》卷四《山川》，分水岭下有蛟窟。又称此地是“芝城发祥之区”，芝城即是建安的俗称。黄煜之父是“恩平尹黄维石”，考道光《恩平县志》卷十二《职官志》，明知县中有黄廷柱，注云：“建安举人，万历三十三年任。《府志》作建宁。”当是此人，黄廷柱当是字维石，名字相应。按《恩平县志》所称之《府志》是指《肇庆府志》，恩平县属肇庆府，《肇庆府志》记载黄廷柱是建宁人。建宁在明代指建宁府，建安指建安县，建安县属建宁府，两者并不矛盾。黄煜事迹待考，其时尚无功名，故张瑞图以“异日夫子抟风九万，紫珈玉检，贲锡岗阡，以表孺人生前之德于不泯，庶不佞之言为有征”之言来表达祝愿。

笔者又在该馆发现另一个待赠陈孺人的墓志铭，这两个陈孺人是亲姐妹。这方墓志对了解陈氏家世也颇有参考价值，为说明方便，也将其释读标点：

明待赠陈孺人墓志铭[②]

赐进士第文林郎南直隶松江府华亭县知县眷侍教生张调鼎顿首拜撰文

奉直大夫广东琼州府儋州知州前奉化县知县眷侍教生刘道生顿首拜书丹

奉直大夫广东琼州府崖州知州前龙门县知县眷侍教生任可受顿首拜篆额

按状：孺人系陈氏大府玉海公女也。公以戊戌魁南宫，出守衡阳，称良二千石。生女六，孺人其最少焉。孺人幼聪颖，发未燥，授以《列女传》，即解大义。好《诗》《书》笔墨，善临古法帖，尤善绘剪，意之所触，穷工极巧，无出其右，即吴兴管夫人不是过也。太守公奇之，每曰：“生女如此，定不配凡子矣。”偶过袁户部公，见尔玉兄方丱，有奇表，因延之家，叩以所习，应答如流，太守公私喜曰：“是可以配吾女矣。”遂许之。会王事鞅掌，驰驱异地，六礼未加。适太守公卒，孺人年二十一始归尔玉兄。恪修妇道，事上以恭，御下以宽，笑不闻声，趾不逾阈，周旋中礼，无有失度。尔玉兄体弱善病，怯怯若不胜衣，户部公与宜人忧之。自孺人之归也，起居调护，未尝以疾病贻二人忧。凡床第燕闲之间，颦笑必谨，语言有节，

① 建瓯是民国时由建安、瓯宁两县合并而成。

② 志额题“陈孺人墓志铭”。

敬待如宾。至篝灯伴读，左右劝相，则又每以勤业相励，奢侈相戒，卒成尔玉兄有声胶序者，皆孺人力也。性好洁，而不喜华饰，奁资甚盛，一切珠玉不施于首，衣惟缟衣布素，淡然若无欲者。其委曲承顺姑若夫，即当盛怒见之，亦怡颜相接，反怒为欢。孝敬之性，果缘学而能，抑学之有未能，厥得之夫付者耶？乃竟以中折，惜夫！逝之日，预定以期，晷刻不爽，此尤足以表异矣。孺人行六，讳淑端，字莺然，生万历丁未年八月初五日卯时，卒崇祯甲戌年四月十五日卯时，享年二十有八。生男一，女三，俱未育。择本年十月初二日酉时奉葬于黄畲庙左山之麓，坐庚向甲，从新扦也。盖余自束发与尔玉兄结社黄华，即习知孺人贤而且慧，当其幼习《女箴》，德言容功，无一不备，褎然有闺秀之称。及于归，人咸谓新妇以贵介女，拥厚赀，非骄则侈，而孺人孝敬不失，敦守俭朴，恂恂若寒素女如此，此岂易及哉！语曰："大德必寿。"孺人疑于寿不配德乎？然而孺人之贤，则已著矣。是宜铭。

铭曰：云山苍苍，烟水淼茫。彼其之子，淑德孔章。于斯永藏，百世其昌。

崇祯七年岁次甲戌孟夏冬月吉日　孝夫袁仕琮泣血立石

可见陈珪生有六女，其中一女适黄煜，而幼女则适袁仕琮，但两女均青年夭亡，黄煜妻享寿31岁（1597—1627），袁仕琮妻享寿更短，只有28岁（1607—1634）。陈、黄、袁三家也算是门当户对。陈珪会魁出身，官至衡州知府。黄廷柱举人出身，官至恩平知县。而袁仕琮之父，墓志称为"袁户部"者，当是袁文新。据康熙《建宁府志》（48卷本）卷二十五《选举》二《乡举》，袁文新是万历四十年举人，注云：

◎ 陈孺人墓志铭

"《诗》。瓯宁学。顺天中式。"意谓其是瓯宁县学的学生员，以《诗》经寄籍顺天中式。明毕自严《度支奏议》卷一《会题总理公署疏》《再题总理公署疏》一再提到"户部广东清吏司郎中袁文新"，可见其确实曾任职户部。因此"袁户部"者必是袁文新无疑。

三、书丹者金廷璧

书丹者金廷璧，字德润，号九如，江西进贤人，万历四十一年（1613）进士。授江阴知县，四十四年（1616）议调，请改教，历南武学国子监学正，升南刑部主事、郎中。天启五年（1625）转邵武知府，丁内艰，未任。起补湖州府知府，升荆西道副使。事迹详同治《进贤县志》卷十四《选举・进士》、卷十八《人物・良臣》。

金廷璧于天启五年（1625）转任邵武知府，由于丁内艰，实际并未赴任。而到天启七年（1627）仲冬书丹时，其或未服满，或服已满然尚未补湖州知府，因此其结衔仍题邵武知府。

四、墓志文献价值蠡测

张瑞图虽官至宰辅，又是名满天下的著名书家，但是传世文献中可供钩稽他一生行迹的记载并不多，至今尚未见有张瑞图评传或年谱之类的著述问世，笔者只见过一篇刘恒所撰的《张瑞图年表》[①]，寥寥两千言，未餍人望。由此可见世人对张瑞图的了解其实并不多。

首先，这方墓志的发现可补传世文献对张瑞图一生特别是其未中进士前的行迹记载之不备。刘恒根据传世文献记载画了一张《张瑞图行踪示意图》[②]。根据这张示意图可知张瑞图行踪所及，除原籍福建外，还有浙江、江苏、北京、陕西、两湖、云贵、江西等地，但刘恒在张氏原籍的福建只标出泉州、福州两地，其意当是张瑞图在福建只到过此两地。张瑞图是泉州晋江人，泉州作为原籍，自不必说。福州是福建的

① 《中国书画》，2005年第5期。

② 刘正成主编：《中国书法全集》（第55卷），荣宝斋，1992年版，第250页。

首府，又是其中乡举之地，其在此居留过也无问题。但关键是张氏在福建的行踪所至可能只有此两处吗？这方墓志明确提到，“不佞上公车时，道经富沙，审知名儒勉斋黄公理学渊源，俨然名教之任，不佞窃向往焉。恨不能躬领真传，数百年间徒切羹墙以私淑”，可知张氏于万历三十五年（1607）赴京会试时曾到过富沙，富沙即建宁的古称。据嘉靖《建宁府志》卷一《建置沿革》，五代晋高祖天福六年以建州为镇安军，王延政为节度使，封富沙王，故建宁又称富沙。而且从文义来看，张氏在建宁并非泛泛而过，他在建宁获悉了勉斋先生黄榦的为人为学，并发生了企慕之意，可推测其在建宁至少有过短暂的停留。墓志接着又说，“继而驰驱王事，下榻黄生煜之门，始知为勉斋公裔也”，此事的发生年代先得考索一番。1956年，明林欲楫撰《皇明赐进士及第特进光禄大夫左柱国少师兼太子太师吏部尚书中极殿大学士特赠太傅文隐张公暨元配累封一品夫人王氏合葬墓志铭》在晋江出土。① 据该墓志，张瑞图生于隆庆四年（1570），卒于崇祯十四年（1641），享年72岁。陈孺人生于万历丁酉年（1597），而黄煜与其妻年龄当相仿，不至相差很大。由此可知张瑞图与黄煜的年龄差距较大，两人应属忘年之交。此事若发生在张瑞图早年，黄煜尚是童子，不可能与张瑞图相交。因此，此事只能发生在张瑞图的晚年，即这篇墓志落款“天启七年岁次丁卯仲冬”的前几年，因为墓志后面也说，“数年来，与黄生交最深”，可相互印证。检刘恒《张瑞图年表》，张氏天启四年（1624）、五年、六年均在老家晋江闲居，至天启六年春夏之交才离家赴京就职。因此，张氏下榻黄煜之门，只能发生在此两三年间。可见晚年张瑞图也在建宁居留过。综上所述，张瑞图一生至少有两次在建宁居留过。这为考察张瑞图的行踪及交游提供了丰富的信息。

其次，墓志上的张瑞图结衔“赐进士及第建极殿大学士少保兼太子太傅礼部尚书”也可供参详张瑞图后期的仕宦状况。这个结衔初看似乎有点异常。明代官员结衔一般将大学士的官衔列在后面，因为明代大学士虽是辅臣，但大学士一职本身品级不高，只有正五品，辅臣的品级多以宫衔、散官、勋官来体现，但此处结衔却将大学士列宫衔之前，似有违常例。但笔者在传世明代文献中也找到了有把大学士衔置于宫衔之前的记载，如明骆问礼《万一楼集》（清嘉庆活字本）卷四十六《奠高中元座师文》：“维

① 粘良图选注：《晋江碑刻选》，厦门大学出版社，2002年版，第297页。

年月日门生云南布政使司左参政李良臣右参议骆问礼，云南提刑按察司副使郑恭、胡心得，佥事顾养谦，谨以柔毛刚鬣之仪驰奠于座师故中极殿大学士少师兼太子太师吏部尚书高公之灵。”又明焦竑《国朝献徵录》（明万历四十四年徐象橒曼山馆刻本）卷十七所收吴国伦所撰吕调阳行状题为《光禄大夫柱国建极殿大学士少傅兼太子太傅吏部尚书赠太保谥文简豫所吕公调阳行状》。明刘湘客《行在阳秋》（清刻本）卷上：“（隆武元年夏四月）癸巳，加瞿式耜武英殿大学士少师兼太子太师临桂伯，以守桂功也，式耜疏辞。”可见将大学士衔列于宫衔之前并无不可。因此，不必怀疑墓志上张瑞图的结衔的真实性。关于张瑞图入阁以后的仕履，根据传世文献，可总结如下：

天启六年七月，升礼部左侍郎施凤来、右侍郎张瑞图……各礼部尚书兼东阁大学士，入阁同首辅顾秉谦等办事。（《熹宗实录》卷七十二）

天启六年十月，以皇极殿工告成，加恩辅臣（黄）立极少保兼太子太保，改户部尚书，武英殿大学士，荫一子锦衣卫指挥同知，世袭；（施）凤来、（张）瑞图……俱太子太保、文渊阁大学士，荫一子锦衣卫指挥佥事，世袭，准照新衔给与应得诰命，余官如故，仍加赉银币、蟒衣有差。（《熹宗实录》卷七十七）

天启六年十一月，谕吏、兵二部：甘镇屡获奇捷，朕心嘉悦，内阁辅臣密勿运筹，成功伊始，加元辅立极少傅兼太子太傅，改吏部尚书，进建极殿大学士，荫一子锦衣卫指挥同知，世袭；次辅凤来、瑞图……各少保兼太子太保，改户部尚书，进武英殿大学士，荫一子锦衣卫指挥佥事，世袭，并赐蟒衣、银币有差。已而立极等各疏辞官阶、封荫，允之。（《熹宗实录》卷七十八）

天启七年三月，以滇南大捷加恩，首辅黄立极加少傅兼太子太傅，改吏部尚书，进建极殿大学士，荫一子尚宝司司丞，赏银六十两，彩段四表里，坐蟒一袭；次辅施凤来、张瑞图……加少保兼太子太保，改户部尚书，俱进武英殿大学士，各荫一子中书舍人，赏银五十两，彩段二表里，坐蟒一袭，俱照新衔给与诰命，辞，不允。（《熹宗实录》卷八十二）

天启七年七月，上以锦州功加恩，首辅黄立极加少师兼太子太师，进中极殿大学士，荫一子锦衣卫指挥使，世袭，赏银六十两，彩段四表里，加赐坐蟒一袭；次辅凤来、瑞图……加少傅兼太子太傅，改吏部尚书，进建极殿大学士，各荫一子，与做锦衣卫指挥同知，世袭，每还赏银五十两，彩段二表里，加赐坐蟒一袭，都照新衔给与应得诰命，余官如故。已而各疏辞，许之。（《熹宗实录》卷八十六）

天启七年八月，敕吏部：三殿告成，朕心嘉悦，内阁先今辅臣寒暑周旋，阅视阴阳，调燮平成，勋名著于励勦，功概高乎弼亮，宜行叙赉。兹特加恩，首辅黄立极加左柱国兼支尚书俸，还赏银六十两，彩段四表里，荫一子与做中书舍人，加赐坐蟒一袭；次辅施凤来、张瑞图……各加少师兼太子太师，进中极殿大学士，各荫一子与做中书舍人，还赏银五十两，彩段二表里，加赐坐蟒一袭……俱照新衔给与应得诰命，余官如故，以示酬眷。已而立极等各辞，不允。（《熹宗实录》卷八十六）

天启七年十月，进大学士黄立极太保，施凤来、张瑞图……左柱国兼支尚书俸，各荫一子中书舍人。（《明□宗□皇帝实录》卷一）

崇祯元年三月，大学士施凤来、张瑞图并免，各进太傅[①]，荫尚宝司丞，遣行人送还，赐金币、廪役。（《崇祯实录》卷一、《国榷》卷八十九）

陈孺人卒于天启七年九月，而墓志作于天启七年十一月。对照上引史料，则张瑞图天启七年十一月的结衔至少应该是“中极殿大学士左柱国少师兼太子太师户部尚书”[②]，位阶比墓志的结衔“建极殿大学士少保兼太子太傅礼部尚书”要高。因此，在

① 刘恒《张瑞图年表》作“太保”，未知何据。然据明林欲楫撰《皇明赐进士及第特进光禄大夫左柱国少师兼太子太师吏部尚书中极殿大学士特赠太傅文隐张公暨元配累封一品夫人王氏合葬墓志铭》，可知“太傅”是死后“特赠”，不是生前所得。据此，似作“太保”为是。

② 根据明林欲楫撰《皇明赐进士及第特进光禄大夫左柱国少师兼太子太师吏部尚书中极殿大学士特赠太傅文隐张公暨元配累封一品夫人王氏合葬墓志铭》，则张瑞图当时已是吏部尚书。但仔细研核史料，可以发现天启七年七月虽曾以锦州功加张瑞图少傅兼太子太傅，改吏部尚书，进建极殿大学士，但张瑞图上疏推辞，允之。可见张瑞图并未接受此次的加升，因此当时的官衔仍然是天启七年月三月加升的少保兼太子太保户部尚书武英殿大学士。而天启七年八月只加少师兼太子太师，进中极殿大学士，并未提及改吏部尚书之事。因此，张瑞图天启七年十一月仍当为户部尚书，而不是吏部尚书。

具体官衔问题上，墓志与传世史料也产生了矛盾之处。为什么会出现这样的情况呢？笔者以为，墓志上的结衔可能就是张瑞图当时真实的官衔。或许张瑞图在天启七年八月加“左柱国少师兼太子太师中极殿大学士”后，仕途上出现过反复。天启七年八月熹宗驾崩后，官员纷纷上章弹劾魏忠贤及其党羽，矛头也指向了以黄立极为首的内阁辅臣，朝野上下都目黄立极、施凤来、张瑞图等阁臣为“魏家阁老”[①]，张瑞图还因善书而为魏忠贤书写了大量生祠碑，“忠贤生祠碑文，多其（张瑞图）手书”[②]。对此张瑞图等也颇不自安，也曾上疏自辩，但张瑞图为魏忠贤手书生祠碑文这一点，无论如何都成了朝野指目的历史污点，或许其间张瑞图等人为此曾有过上疏自请降级处分之事。而“建极殿大学士少保兼太子太傅礼部尚书”可能就是自请降级之后的题衔。总之，墓志上的结衔对考察张瑞图一生的仕履仍然具有参考价值，不能因其与传世史料有出入而断然否定。因为传世史料不可能对张瑞图的一生仕履细大不捐地全部记载，有些细节和曲折或会因故忽略。如据上引传世史料，张瑞图的题衔在崇祯元年（1628）三月被免职之前，应为“中极殿大学士左柱国少师兼太子太师户部尚书”，但是1984年河南郸城出土了董其昌撰文、张瑞图书丹并篆盖的《王苍坪墓志铭》上的张瑞图题衔，是“赐进士及第特进光禄大夫左柱国少师兼太子太师吏部尚书中极殿大学士总裁两朝实录同知经筵日讲”。该墓志铭书丹并篆盖的时间当在崇祯元年（1628）二三月之间[③]，因为据谈迁《国榷》卷八十九，崇祯元年（1628）二月“癸丑始御经筵，英国公张惟贤、大学士施凤来知经筵，大学士张瑞图等同知经筵”，而三月张瑞图即被免职回乡。从这个题衔来看，张瑞图后来确实接受了吏部尚书的加衔，而据上引史料，则张瑞图天启七年七月已推辞了“加少傅兼太子太傅，改吏

① 明吴应箕《启祯两朝剥复录》（清初吴氏楼山堂刻本）卷三“施凤来……张瑞图俱入办事”条下引野臣曰：“或谓逆珰时拜相者皆魏家阁老，其然，岂其然乎？然统计内阁称颂共二十八本，而票拟谀旨赞导过当者不可胜举。盖自魏广微倡先附内，倒授太阿，而顾秉谦票拟，厂臣与皇上并称，黄立极、来宗道等相率效尤，则律以无将之诛，此辈安所逃哉？而施凤来之撰诗文、张瑞图之书联扁，直以文隶畜之，又不足道矣。故士大夫不幸而为熹朝宰辅也，然此时之宰辅实谁为之哉？呜呼！谓之为魏家阁老，岂诬也欤？”

② 〔清〕张廷玉：《明史》卷三百〇六，列传一百九十四《阉党·顾秉谦》，清乾隆武英殿刻本。

③ 王晓光也认为此墓志铭书丹并篆盖的时间当在崇祯元年（1628）二三月之间，但他把崇祯元年（1628）二月张瑞图受命为会试总裁误解为墓志铭上的“总裁两朝实录”了。其实这完全是两回事。“总裁两朝实录”是指张瑞图曾担任过神宗、光宗两朝实录的总裁，是以前之事，在此特意标出，以示荣宠，与会试总裁风马牛不相及。王氏之说详其所著《方直与圆曲：晚明前清书家研究》，中国戏剧出版社，2008年版，第51页。

部尚书，进建极殿大学士”的恩命，而在此后也没有再出现加张瑞图为吏部尚书的记载。可见传世史料对张瑞图仕履的记载确实是有选择性的，对一些编者认为无关宏旨的细节可能会略去。所以这方墓志铭上的张瑞图题衔可以丰富研究者对张瑞图晚年仕履的认识。

五、张瑞图撰写墓志意图推测

笔者以为，这方墓志撰于魏忠贤投缳自尽、崇祯帝着手处理阉党之际，对考察张瑞图当时的心境也有一定的参考价值。张瑞图流传后世的文章寥寥无几，这并非是由于散佚严重，而是张瑞图一生落笔矜慎，不轻易为文，“顾性懒，不甚作应酬文字”[①]。但在此时贵为次辅的张瑞图却应一位并无深交的底层儒生之请，为其妻撰写了墓志铭，其间隐情似略可推究。作为依附魏忠贤入阁并为其书写生祠碑文的辅臣，张瑞图当时正处在舆论的风口浪尖上，成了朝野指目的“阉党”，“魏家阁老”已是社会对张瑞图的普遍观感。这种处境对张瑞图极为不利，因此他急需发声来为自己洗刷污名。刚好此时儒生黄煜前来请铭，而黄煜又是朱子高弟勉斋先生黄幹的后裔，仅凭这一点就可大做文章。虽然黄幹和黄煜相隔已近500年，其间世系实已难理清，即使黄煜确是黄幹后裔，然而毕竟昭穆已远，实已无多少关系可言。但张瑞图却在墓志中特意点出黄煜是勉斋先生的后裔，并说数年来与黄煜相交最深，还回忆昔日为“驰驱王事”而曾下榻黄煜之门，又说早年北上赴试途中路经建宁，就已获悉勉斋先生理学渊源，俨然以名教自任，使自己心生企慕。这一切其实都是为了向世人表明自己深受勉斋先生思想和为人的熏染，是坚持气节、维护名教的正直儒士，并不是如世人所指目的那样，是毫无气节、依违取容、仰人鼻息的“魏家阁老”。这或许就是张瑞图撰写这篇墓志的真实意图所在。

---

① 明林欲楫撰《皇明赐进士及第特进光禄大夫左柱国少师兼太子太师吏部尚书中极殿大学士特赠太傅文隐张公暨元配累封一品夫人王氏合葬墓志铭》，见粘良图选注《晋江碑刻选》，第299页。

征稿启事

为弘扬优秀传统文化，推动各级方志馆之间的业务交流与合作，提升方志馆建设与管理水平，更好地发挥方志馆的公共文化服务功能，国家方志馆创办《中国方志馆研究》刊物。本刊是国家方志馆主办的社会科学综合性学术刊物，面向国内外公开出版发行。

《中国方志馆研究》以广大地方志工作者、相关学科专业师生及科研人员为主要读者对象，注重理论性与实践性相结合、微观性与宏观性相结合、探索性与指导性相结合，在加强基础理论研究的同时，更加注重对现实问题的探讨，尤其重视对方志学、方志馆建设具有战略性、前瞻性、重大现实指导性问题的研究。本刊将致力于搭建方志学与方志馆建设、研究、交流平台，着力打造学术精品。

本刊常设栏目有“志馆建设”“展览研究”“信息方志”“收藏保护”“旧志研究”“地情研究”“地方文化”“志馆风采”等。诚挚欢迎广大地方志工作者、社会各界人士踊跃投稿。来稿要求如下：

一、来稿须为作者本人原创学术论文，且未公开发表，稿件内容要求文字精练、层次清晰、观点鲜明。来稿确保不涉及保密、署名无争议，因文字、引注、图片等引发的观点或版权问题，皆由作者本人承担。

二、本刊只接受 word 版电子文本。文稿须包括题目、提要（100 ～ 300 字）、关键词（3 ～ 5 个）及作者简介（姓名、性别、出生年份、籍贯、工作单位、职称、学历、研究方向，通信地址、邮政编码、联系电话、电子信箱，相关信息务必准确）。附论文题目、作者姓名、摘要和关键词的英文翻译。如论文为某项课题阶段性成果，请标明课题号。

三、来稿一般不低于5000字，以10000字以内为宜。编辑部有权酌情删改来稿，如不同意请予说明。

四、文中注释一律采用页下脚注，用阿拉伯数字编序，注明作者、书（或文章）名、出版单位（或期刊名）、出版年份（或第 × 期）、页码（请遵循GB/T 7714–2015《中华人民共和国国家标准信息与文献 参考文献著录规则》，2015年）。引用古籍稿本、抄本、刻本、影印本的，只注版本卷次，不注页码。

五、来稿可以提供图片。方志馆展览评论类文章必须配图，稀见方志评介类论文原则上要求配图，其他论文可酌情选择。图片要求为原始稿件单独发送，清晰，色彩、亮度适中，图像分辨率应为1024×768像素，4M以上。图片以JPG、GIF、PNG格式作为附件发送，文件名为：主题+姓名（例如：某展览由张三拍摄，如不需保留图片版权可不注）。

六、本刊实行匿名评审。处理稿件以3个月为限，逾期如未接到录用通知，可自行处理。稿件概不退还，烦请自留底稿。来稿请勿一稿多投，如发现一稿多投，5年以内不再受理投稿。

七、联系方式

通信地址：北京市朝阳区潘家园东里9号《中国方志馆研究》编辑部

投稿邮箱：zgfzgyj@126.com

联系电话：010–87791754

《中国方志馆研究》编辑部

Contents

· **The Research of Old Local Chronicles** ·

· **Reginal Culture** ·